O FILHO DO HOMEM

COLEÇÃO
CLÁSSICOS
DE
OURO

FRANÇOIS MAURIAC
O FILHO DO HOMEM

2ª EDIÇÃO

PREFÁCIO
MARIANA IANELLI

TRADUÇÃO
TERESA DE ARAÚJO PENNA

EDITORA
NOVA
FRONTEIRA

Título original: *Le Fils de l'Homme*

Copyright © Éditions Grasset & Fasquelle, 1967

Direitos de edição da obra em língua portuguesa no Brasil adquiridos pela EDITORA NOVA FRONTEIRA PARTICIPAÇÕES S.A. Todos os direitos reservados. Nenhuma parte desta obra pode ser apropriada e estocada em sistema de banco de dados ou processo similar, em qualquer forma ou meio, seja eletrônico, de fotocópia, gravação etc., sem a permissão do detentor do copirraite.

EDITORA NOVA FRONTEIRA S.A.
Rua Candelária, 60 — 7º andar — 20091-020
Centro — Rio de Janeiro — RJ
Tel.: (21) 3882-8200 — Fax: (21) 3882-8212/8313

Imagem de capa: Hans Memling, Seligenstadt 1430/40 - 1494 Bruges, Christ Blessing, oil on Baltic oak panel, Wi34.4 by 31.7 cm. Wikimedia Commons

CIP-BRASIL. CATALOGAÇÃO NA PUBLICAÇÃO
SINDICATO NACIONAL DOS EDITORES DE LIVROS, RJ

M414f
2. ed

Mauriac, François, 1885-1970
O Filho do Homem / François Mauriac ; tradução Teresa de Araújo Penna. - 2. ed. - Rio de Janeiro : Nova Fronteira, 2019.
120p.

(Clássicos de ouro)
Tradução de: Le Fils de l'Homme
ISBN 9788520942130

1. Jesus Cristo. 2. Fé. 3. Cristianismo. I. Penna, Teresa de Araújo. II. Título. III. Série.

18-50651

CDD: 232
CDU: 27-312

A Elias Wiesel
que foi um menino
judeu crucificado.
Seu amigo.
F. M.

Sumário

Prefácio: O reino do Cristo Íntimo..................9
I. O mistério do Deus-Menino..................17
II. A vida oculta 27
III. O mistério da cruz..................36
IV. Presença do Cristo ressuscitado..................53
V. A imitação dos algozes de Jesus Cristo..................82
VI. Presença do Filho do Homem no sacerdote..................97
Epílogo: A pacificação da angústia 106

Sobre o autor 118

Prefácio: O reino do Cristo íntimo

> *E amar não consiste em fazeres o teu dever — nem mesmo em te despires pelos outros — amar é uma irradiação. Amar é um estado de graça. Poder amar é quase ser Deus.*
> Raul Brandão

Aos 73 anos, François Mauriac publicou este ensaio, fruto do Cristo íntimo mais belo entre seus escritos cristãos.

É sabido que esse exímio criador de atmosferas psicológicas foi igualmente um exímio inspirador de controvérsias entre exegetas bíblicos tanto quanto entre os chamados escritores católicos. Com uma fé amadurecida desde o íntimo, Mauriac busca uma verdade não separada da beleza.

Se há quem procure discernir o romancista do cristão, há sempre o homem que os confunde: esse homem que Drummond dizia ser a matéria — "sempre a mesma" — a povoar os livros de Mauriac. O homem com seus apetites materiais e suas paixões, o homem e sua miséria, o homem e aquela fagulha de alma, semente de uma santidade possível, a que o próprio autor deu uma vez o nome de "chama primitiva" e que o obsedava.

Mesmo o mais vil dos homens é capaz de Deus. Na chave desse mistério, Mauriac busca, através das frinchas do demasiado humano, o mais que humano de um amor e uma graça que redimem. É sutil e ao mesmo tempo contundente a ousadia dessa busca se pensarmos no contexto espiritual de um mundo pós-Segunda Guerra.

No mesmo ano em que *O Filho do Homem* é publicado, Elie Weisel, a quem o livro é dedicado, publica seu testemunho como sobrevivente do horror concentracionário em *A noite*, com prefácio do próprio Mauriac. Está aí a prova de fogo de uma fé que sobrevive num mundo exemplarmente infame e criminoso.

Vale lembrar também que o essencial de *O Filho do Homem* já se gestava em *Vida de Jesus*, que Mauriac escreveu em 1936 a partir dos Evangelhos. Ele não quer o mito, não se basta ao que a História nos conta nem se apressa diante do que é referido apenas de passagem nas Escrituras. Ele se reconhece caminhando ao entardecer ao lado daqueles dois homens em direção a Emaús, e desse reconhecimento, que volta a se fazer sentir, só pouco mais de vinte anos depois de *Vida de Jesus* Mauriac alcança o sentido.

Não há aqui a história de Cristo pelo fio da narrativa que nos é familiar sob diferentes versões. O que há é a ousadia de Mauriac de buscar pelo fio da vida seus enredos ocultos. Se o episódio é universalmente conhecido, Mauriac o amplifica para entrever aquilo que numa leitura convencional ou alheia à experiência própria deixa de ser percebido. Amplifica o beijo de Judas, por exemplo. Mas abstém-se do caminho da cruz, esse hediondo facilmente visível. Nisso atua o romancista inseparável do cristão que é Mauriac, interessado nos milagres invisíveis, no invisível que, como diz o Murilo Mendes de *O discípulo de Emaús* (1945), "é o real que não é visto".

O Filho do Homem se debruça não exatamente sobre a história e a vida de Jesus, mas sobre os mistérios desse homem que foi Cristo, desse Deus que se fez homem. Os mistérios sucedem-se como numa segunda narrativa implícita no que cala o texto bíblico: o mistério da infância de Jesus, os trinta anos de uma "vida oculta", o mistério da cruz, o corpo místico, o mistério do sacerdócio.

Mauriac procura no homem aquele reduto da alma frequentemente incomunicável que, no entanto, existe par a par com a realidade. E procura em Deus seu rosto vivo, anterior a toda doutrina, anterior à universalização de seus símbolos, um rosto reconhecível para cada homem em algum momento da vida, ao seu favor ou à sua revelia.

À imagem de um Cristo glorioso, o escritor sobrepõe a face de um entre tantos judeus da Galileia, a face comum de uma humanidade comum, corruptível, massacrável, suscetível às "intermitências da fé". Uma face afinal tão comum que teria sido preciso o beijo de Judas para a distinguir.

Esse jovem artesão semita, oculto entre tantos outros anônimos num vilarejo de Nazaré, é ele que a certa altura de sua mísera história humana faz-se ver, faz-se ouvir, refletindo em seu rosto o que irradia do coração dos outros: ora um curandeiro, ora um profeta, um blasfemador, um fora da lei, um impostor, um louco, um Messias, alguém que, pelo extraordinário de sua humanidade, era capaz de inspirar extremos de admiração e desprezo, terror e suspeita, o ódio dos grandes, o respeito dos simples, ou, muito além de sentimentos díspares, a conversão de seus perseguidores em discípulos.

No presente de sua existência, no mistério de sua encarnação, o Cristo homem e os homens que são Cristo vencem a ideia desabonadora do mito. Mauriac fala do Cristo invisível que está vivo no outro, no nosso íntimo, hoje mesmo sendo torturado pelos "imitadores de seus algozes" ou acolhido na singeleza de seus preceitos. De todos os mistérios, o da terceira vida de Cristo, essa vida que tem início após a Ascensão, é o que põe os homens em relação direta entre si e em relação pessoal um a um com Deus. Estêvão e Saulo, tocados cada um à sua maneira pela Graça, são as personagens bíblicas, senão nossas precursoras, precursoras de numerosos padres, místicos e santos no despertar do Cristo oculto no mundo.

A questão a se resolver, à entrada do novo milênio, permanece sendo como "perseverar na fé no meio de um mundo sem fé". Nesse ponto, não é apenas o sobrevivente dos horrores das guerras que é posto à prova em sua fé, mas a própria Igreja em sua palavra e todo o Ocidente cristão diante dos seus séculos de História.

Onde o amor, neste mundo? Onde a graça? Onde, ainda hoje, a presença encarnada daquele homem fundador do espírito da Eucaristia? Onde senão ao nosso lado? Onde senão à nossa frente? Num rosto tão parecido com o nosso, tão digno de piedade em sua angústia quanto o somos nós em nossa angústia aos olhos de Deus. Seria preciso, pois, assumir a nossa angústia, diz Mauriac.

Seria preciso tornar o homem de novo amável para si mesmo. Seria preciso o outro tornar-se visível para nós como o foi Cristo, pelo escândalo, nos tempos do reinado de Tibério.

Aprendermos com os outros a nos tornar de novo amáveis para nós mesmos. Consentirmos em aprender pela piedade, pela caridade, pela encarnação das palavras santas depois de acabada a Missa, do limiar da porta da igreja para fora, mundo adentro. Seria preciso provarmos nosso poder de amor e de beleza tanto quanto já provamos nossa mestria para a traição, a humilhação, a destruição, a omissão e outras práticas correntes.

Agora é conosco. Não se trata exatamente de um dever, mas de um despertar. Tornar o Cristo íntimo visível não depende de um milagre alheio ao nosso esforço, mas de um nosso olhar, de um nosso gesto, se mesmo o mais indiferente entre nós ainda é capaz de Deus. O juízo que nos espera ao entardecer desta vida, no-lo recordava São João da Cruz, é de estremecer: não vem com um anúncio de trombetas, vem de dentro. É poder dizer ao final de tudo, sem faltar com a verdade, o que disse uma vez o escritor português Raul Brandão depois de muito confessar e confessar-se na última de suas novelas, *O pobre de pedir* (1931): "foi o amor que me remiu."

Mariana Ianelli

Ainda que procuremos o amor durante toda a existência, não o atingiremos senão de uma maneira imperfeita, que nos faz sangrar o coração. E, se o obtivermos em vida, que nos sobrará dele após a morte? Uma oração amiga que nos acompanhe além da terra, uma lembrança piedosa que pronuncie ainda o nosso nome, mas, logo o céu e a terra avancem um passo, vem o esquecimento, o silêncio nos envolve, de plaga alguma sopra mais sobre a nossa sepultura a brisa etérea do amor. Tudo está acabado, acabado para sempre, e essa é a história do homem no amor.

Engano-me, Senhores, há um homem cujo túmulo é velado pelo amor, um homem cujo sepulcro não é apenas glorioso, como o afirmou um profeta, mas amado. Um homem cujas cinzas, depois de dezoito séculos, ainda não arrefeceram; renasce cada dia no pensamento de uma multidão incalculável. (...) Um homem morto e sepultado de quem se aguardam o sono e o despertar, de quem ressoa ainda cada uma das palavras, gerando mais que o amor, gerando virtudes que frutificam no amor. Um homem acorrentado, há séculos, a um patíbulo, e esse homem, milhares de adoradores O desprendem cada dia do seu trono de suplício, dobram os joelhos diante d'Ele, prostram-se humildemente, sem com isso se envergonharem, e aí, curvados, beijam-Lhe com um ardor indizível os pés ensanguentados. Um homem flagelado, morto, crucificado, que uma inenarrável paixão ressuscite da morte e da infâmia, para recolocá--Lo na glória de um amor que nunca desfalece, que encontra n'Ele a paz, a honra, a alegria e até o êxtase. Um homem perseguido, no seu suplício e no seu túmulo, por um ódio inextinguível, e que, convocando apóstolos e mártires em cada posteridade que surge, encontra apóstolos e mártires no seio de todas as gerações. Um homem enfim, e o único que tenha estabelecido seu amor sobre a terra, e esse homem sois Vós, ó Jesus! Vós que houvestes por bem batizar-me, ungir-me, santificar-me em vosso amor e cujo nome, só ele, neste momento, descerra as minhas entranhas e delas arranca esta linguagem que a mim mesmo perturba e de que eu próprio não me sabia capaz.

Lacordaire

I

O MISTÉRIO DO DEUS-MENINO

Mesmo no entardecer da vida, reconhecemo-nos na criança do presépio, somos esse pequenino. Uma parte do nosso ser, a mais oculta, é esse menino que ignorava o mal e que por isso era semelhante a Deus; porque Deus não é somente o Pai, é também o menino eterno. Não é a fragilidade que adoramos; o que nos encanta, pelo contrário, é a força da criança, a sua onipotência: sobre os cadáveres dos heróis nietzschianos e sobre os ossários, que eles encheram de mártires antes de aí depositarem a própria podridão, a pureza da criança permanece e triunfa — e mesmo em nós, seja qual tenha sido a nossa vida, é possível reencontrá-la. Depois da comunhão, o cristão mergulha em si mesmo, atravessa a espessa camada dos atos irreparáveis, o acervo grosseiro dos crimes perdoados e descobre o menino que volta ao seu lugar no banco à esquerda, no dia 12 de maio de 1896, nessa capela de colégio que já não existe. É a mesma criança, cuja única diferença é este corpo já meio destruído. Tu, porém, estás sempre aí, ternura, estás aí, amor, cujos reflexos eu soube descobrir nos rostos dos santos que atravessaram a minha vida, amor a quem tantas vezes bradei: "Afasta-te!"

Hoje, sabemos o que a Escritura entende por "homem de sangue". Conhecemos os homens de sangue. Não fingiremos ter, diante deles, vergonha de nossa infância. Estamos com o menino Abel assassinado, mas também com o menino David vitorioso, com o menino José que reina sobre o Egito e com os meninos hebreus que cantavam de alegria na fornalha e a quem obedeciam os leões e as chamas. Estamos do lado de nosso Deus-Menino, que prometeu aos mansos a bem-aventurança. O homem forte, segundo o mundo, é o animal arrastado pela malta dos próprios instintos até os excessos que nossa geração viu na Espanha, na Alemanha, na Rússia, em nosso país também, infelizmente!, cujo espetáculo, por si só, já é uma mácula. A humanidade, depois que proclamou pela boca de Nietzsche a morte de Deus, abismou-se numa infâmia, numa covardia imunda, atingiu a essa fúria dos algozes, dos policiais, contra criaturas inermes e sem defesa.

Onipotência de Deus-Menino, desnudo sobre a palha, que assume, que concentra em seu frágil ser o caudal duplo das duas naturezas: "O Verbo se fez carne..." Por analogia, a uma distância infinita desse mistério dos mistérios, o homem carnal e maculado permanece unido, segundo a Graça que recebeu desde a sua vinda ao mundo, ao Amor encarnado nesse meninozinho. Minha infância eterna e minha carne pecadora eu também as assumo, mas sem conciliá-las: uma surge sobre o cadáver da outra e cada uma por sua vez finge estar morta. Essa maré da carne e do sangue, ó Deus, esse fluxo e refluxo que encobre e descobre a minha infância, essa espuma que a sepulta para sempre, ao que parece (e de repente ei-la de novo intata e sou igual ao meninozinho que chorava naquele banco, no dia 12 de maio de 1896), essas ondas são, pois, as únicas que não Vos obedecem?

Como é difícil permanecer imóvel junto da criança que sois, não se deixar arrastar para o abismo de vossa humanidade torturada, para vossa paixão e vossa morte! Cedemos ao atrativo da semelhança que há entre Vós e nós, criaturas: o sofrimento — medida da humanidade em Vós — faz com que instintivamente os que Vos amam recorram ao apelo de vossa voz arquejante, para esses instantes atrozes de vosso destino. Mas não é aos pés da cruz, é de joelhos diante do presépio do Deus-Menino, que estamos talvez mais perto de Vós que acabais de entrar, de vos inserir num corpo humano. Eis-Vos aqui, infância infinita que não tendes de nos perdoar crimes que não compreendeis.

O que nos seduzia no vosso corpo adulto, torturado, crucificado, traspassado pela lança, era a sua conformidade com o nosso. Cristo de dores, nossa tentação adorável e bem-amada, em quem nos procuramos e nos encontramos, dai-nos a graça de nos determos junto a vosso berço, de nos inclinarmos demoradamente sobre o Ser infinito, captado em sua origem num pouco de carne. O sentimento de adoração, que experimentamos ao segurar a criancinha em nossos braços, não lembra em nada a amarga felicidade que nos dá uma cruz igual à nossa, onde está pregado um corpo semelhante ao nosso. Não, o presépio e, em estado puro, Aquele a quem chamamos Deus (mas não é o seu verdadeiro nome) e a quem não chamamos ainda de Jesus — sem dúvida recebeu Ele esse nome desde toda a eternidade; porém, sobre a palha de Belém, ainda é somente "Aquele que é": não o Menino-Deus, mas o Deus menino; este amor, esta torrente anterior à passagem da carne, adoro-a trêmulo de alegria, ajoelhado sobre as valas comuns da Europa, tendo embaixo de mim as ossadas dos campos de represálias, os cadáveres carbonizados de crianças e mulheres nos escombros das cidades francesas, alemãs, russas, japonesas... Creio em Vós, infância de Deus, amor ainda cego, ignorante ainda do morticínio inenarrável, porque para conhecê-lo seria preciso ter dele participado, mas a criança do presépio está alheia a esse sangue derramado, desconhece a ignomínia humana. Será necessário que nela penetreis para poder expiá-la. A criancinha do presépio, porém, nada sabe por enquanto. Transborda ainda da inconsciência infinita. Deus nela, Deus onisciente nada experimentou até então, nada sentiu. Ele é conhecimento eterno, vai tornar-se, daqui a alguns anos, nos caminhos da Galileia e no Calvário, a sensação da dor, porém eis o interregno: o recém-nascido de Belém é a pureza que se ignora, o amor que não conhece a si mesmo, o fogo que não sabe que é fogo... ou sabê-lo-á talvez? Mas não é pelo que sabe ou pressente da condição humana que nos atrai, é pelo que traz consigo do Reino que não é deste mundo e donde vem. Todos os outros filhos do homem, no dia em que nascem, surgem do não ser. Só Ele emana do Ser, passa da eternidade para o tempo, do eterno para o efêmero. Desvio-me por um momento da Face injuriada pelos nossos crimes e estreito contra o meu coração esse recém-nascido. Nesta noite de Natal, não falarei à pequena hóstia sobre meus pecados; quero embalá-la, fazê-la adormecer em meu amor como a meu filho primogênito: não se fala do mal à ignorância encarnada do mal.

Esta porta aberta por onde, pelo lado paterno, um caudal de hereditariedades nos submerge descerra para o Menino Jesus o Ser infinito, o Pai. Daí deflui sobre ele um oceano de divindade, enquanto nós, pobres pecadores, colhemos as paixões ocultas dos mortos de nossa raça: sinistra marcha *au flambeau* em que cada homem deixa após si as tochas que consumirão seus descendentes, e cujas chamas conjugadas acabarão por abrasar um mundo, votado ao homicídio e aos vícios abomináveis. Vós, Senhor, que escapais a essas hereditariedades sob as quais gememos e choramos, que não conheceis somente os segredos dos corações, mas também os dos corpos, Vós a cuja Graça resiste menos a má vontade dos que Vos amam do que os germes obscuros depositados pelos antepassados — aquele aguilhão que torturava São Paulo —, apiedai-vos dos loucos e das loucas que, por vezes, despertam num abismo, a que foram precipitados desde antes do nascimento.

Jesus menino, tornar-me-ei criança para aproximar-me de Ti. Não há morte como também não há velhice para os que Te amam; senão como poderiam salvar-se? Pois, se é verdade que o Senhor exige dos que O seguem que carreguem a sua cruz, não os obriga a serem como Ele, crucificado (senão ao reduzido número dos seus santos...); em compensação nos declara a todos que, enquanto vivermos, é preciso assemelhar--nos a uma criancinha para entrarmos no Reino e que devemos acolher o Reino de Deus com um coração infantil. "Se não fordes iguais a um destes pequeninos..." Portanto, a única probabilidade de salvação é a de voltar a ser criança. Ao velho autor amargo e irônico quase não custa aceitar essa condição que lhe é imposta! Ninguém, senão Vós, meu Deus, poderia acreditar nisso! Mas Vós, Vós o sabeis. Os joelhos maternos que nossa fronte dolorida ainda procura! Refúgio, aconchego longe da vida atroz! Como qualquer um, abriste duramente o teu caminho, e os que parecem ferozes dissimulam sem dúvida em si essa mesma criança. A ferocidade humana é uma crosta formada pelas aluviões da vida; mas o mistério da infância permanece no âmago do ser, infância ferida pelo pecado original, é verdade (o que dá em parte razão a Freud)... Creio, contudo, nessa santidade da infância, nessa boa-fé, nessa confiança, nessa fraqueza sagrada que dissimularemos até o último dia e que é a parte angélica de nós mesmos, chamada à ressurreição, à contemplação eterna de vossa Face. Ó Vós que o mundo acusa de difamar a vida e de criar uma raça de inadaptados, de enfermos, Vós despertais em nós, suscitais, além da nossa medíocre infâmia cotidiana, um Lázaro menino, um menino eterno.

Todos os homens se divertem como crianças. Na escuridão do proscênio, de costas para os atores que representam a minha peça, observo essas fileiras de rostos atentos ou espantados. Recordo-me: é o público do guinhol de minha infância. Não mudaram, choram ou riem sem constrangimento. Na Alsácia, vi durante uma semana os grandes chefes proporcionarem a eles mesmos, todo dia, o espetáculo de uma revista; transbordavam de uma alegria inesgotável, continuavam a brincar com os soldados de chumbo — com soldados de carne sob um sol de chumbo. Os homens até o fim brincam com bilhas e bolas: têm cavalos, armas de verdade. Não são mais obrigados a imaginar, a inventar, a recriar o real: montam um cavalo de carne e osso e têm entre as mãos uma espingarda que mata "de fato". Seus crimes também são crimes de crianças: os nazistas arrancam as patas dos insetos humanos. Esta profunda insensibilidade de criança ao sofrimento dos animais se denuncia no horror do que vimos durante esses anos sangrentos. Se a pior corrupção é a da infância, a santidade dela é a que se assemelha a Vós, meu Deus. É aquilo que importa ressaltar em todo ser humano. A absolvição fá-la surgir na maior parte dos homens só um pouco antes da morte. A inocência desta última lágrima sobre a face dum moribundo... Sede bendito, Senhor, que não Vos chamais aquele que condena, como lembráveis a meu padroeiro Francisco de Sales, mas que Vos chamais Jesus. E quando a onda nos submerge, a onda imunda (que astro fatídico regula o fluxo e o refluxo dessa lama em nós?), nenhuma explicação precisa ser dada, nenhuma desculpa, ao Deus-Menino que não compreenderia.

Não pedimos a um menino contas desta criação incompreensível, onde ele se insere para salvá-la, sem salvá-la, já que o inferno continua a abrasar a eternidade. O infinito se abisma num finito urdido de crimes: fixa-se aí por dois pedaços de madeira cruzados que, por sua vez, suscitarão milhares de mártires e algozes, acenderão fogueiras, desencadearão cruzadas, guerras estrangeiras e civis, acorrentarão destinos a leis desumanas. Este ser tão meigo, tremente de frio à beira dum mundo criminoso, enquanto os anjos prometem aos homens de boa vontade uma paz que só se começa a ver depois de um cúmulo de angústia (e os soldados de Herodes afiam nas trevas seus punhais para um massacre de inocentes que não acabará nunca), é o enigma cristão, são os algarismos da adivinhação indecifrável de que a criança possui a chave, que não nos revelou quando se tornou homem. E, no entanto, sabemos que existe essa chave, e Ele próprio no-lo deu a entender, quando, em resposta aos discípulos que murmuravam "Ninguém, pois, se salvará?", acrescentou: "Nada é possível ao homem, tudo é possível a Deus.".Este último termo desconhecido só nos será desvendado quando nossa malícia dele não se puder mais servir como desculpa à satisfação de nossos apetites. O pequeno guarda, até a consumação dos séculos, esse segredo de que o homem abusaria para gozar o mais possível. Não existe natureza de Deus nem definição de Deus, mas um amor que se conhece e se reflete em criaturas misteriosamente feridas desde o nascimento.

Chaga envenenada incessantemente e exasperada por este anjo sombrio, senhor de um mundo que não crê que ele exista. A História é ainda mais determinada do que os homens de hoje o imaginam, impregnada como está por uma malignidade essencial. E não há ninguém mais para modificar esta ordem maléfica, ninguém a não ser o meu Deus-Menino. Tive por vezes a obsessão de afastar-me de Ti. Já não suportava mais o teu silêncio, a tua ausência. Pois que há de mais ausente que um recém-nascido? Com quem se está mais só do que com um meninozinho nos braços? Aceitar o risco de tua cólera inimaginável, juntar-me à multidão dos que, na terra, só creem no homem, na sua força, na sua luta corpo a corpo com a matéria cevada de riquezas, prenhe de forças encadeadas, dos que não procuram ser bons nem puros. Sim, em certas horas, pude desejar isso que não estava de acordo com a minha lei, mas tenho um ferrete marcando a minha lã de carneiro envelhecido. "És uma ovelha do presépio de tua infância", sussurra o meu demônio. Diz-me, escarnecendo: "Até o último suspiro ruminarás esta relva fingida de papel crepom." Este demônio que, nas horas de Graça, creio haver perdido na multidão atrás de mim. Não sinto mais seu hálito no meu pescoço. Então, sei o que os santos experimentam, entrevejo-lhes o destino, vou-me despojando à beira de um oceano de amor. Vossa paz me inebria. Como consenti em viver sem esta alegria? Como a morte será simples se for a passagem do êxtase à contemplação, do desejo de Deus à possessão de Deus! E depois, de repente, esta tristeza vaga, este desejo de estar na rua, este olhar entrevisto em que não perceberei aflorarem as lágrimas, este nojo de minha vida, do que fui, do que sou, esta irrisão de meu destino... Ah! baralhar essas pistas, desaparecer, deixar apenas atrás de si uns pobres trapos marcados, esquecer o nome, a idade, numa casa sem espelhos, sem o espelho dos entes que nos conhecem. Ó meu Deus-Menino, Tu o sabes, não amamos a paz, não amamos a felicidade. Esta vacância do coração, esta vacância eterna da velhice que começa, esta insipidez dos dias de sobra que nos deixas, este final de vida que se estagna nas Academias e nos lugares oficiais, como tudo isso dá sabor à amargura das paixões mortas! Não que nos tenhamos afastado muito de teu presépio... mas não preciso mexer-me, não há necessidade nem mesmo de alguém entre nós dois, basta a sombra de um corpo, e não Te vejo mais, ó criança sobre-humana! Só os santos ultrapassaram, transpuseram esses obstáculos de carne e sangue... Quantos, no entanto, ficaram em caminho? Quem o saberá algum dia? Transpuseram a barragem dos corpos e devias estar adiante a esperá-los... E então faltavas ao encontro, ou fingias fazê-lo, ó Tu que, escondido, assistes, por vezes, ao desencanto daqueles que à custa de sua pobre ventura humana acorreram ao encontro que lhes marcaste, e Te procuram, mas não Te veem e no entanto creem, sabem que aí estás. Como poderiam eles voltar atrás? Conseguem, apenas, avançar no deserto de tua divindade. O importante é não perder o fôlego, ter um coração que não fique sufocado. Ternura, oceano recalcado! A dureza dum ancião, sua insensibilidade, é o que sobra dele depois do refluxo dessa ternura que não encontrou seu objeto, mas esse objeto, esse ser, esse amor, ele o descobre nesta Noite Santa de Natal, reconhece-o, estreita-o contra o peito como um meninozinho adormecido.

Hóstia: infância de Deus. Hóstia dentro de mim: criancinha que se deixa adormecer e cuja cabeça não pesa muito sobre o meu ombro. Mas é um sono ardente, uma presença que inflama e pacifica ao mesmo tempo. Levo-a comigo, como escondida sob as minhas vestes. Deus não dá resposta à nossa interrogação desesperada: dá-Se Ele mesmo.

II

A VIDA OCULTA

Penetramos aqui no maior dos mistérios. Como confunde ver que, durante trinta anos de uma vida de homem, o Filho de Deus não tenha emergido à superfície do sangue e da carne! O extraordinário para nós que acreditamos ser Jesus o Cristo, não os milagres da vida pública, mas a ausência de milagres durante a vida oculta. Se tudo o que Lucas relata sobre a Virgem, a anunciação do anjo, a visita a Isabel sua prima, e a alma de Maria que estremece de alegria em Deus seu Salvador, e o que é contado dessa noite entre as noites, quando pastores ouvem, sob as estrelas e dentro da alma, essa promessa de paz aos homens de boa vontade, promessa que ainda alimenta a nossa esperança, após dezenove séculos; se todas essas coisas derivam de um mito, se a ternura dos fiéis teceu em torno do berço da criança esta lenda, que se teria tornado verdadeira à medida que Jesus se tornava Deus, por que a fabulação se teria interrompido logo na primeira infância? Por que o menino, o adolescente, o rapaz não a teria mais inspirado?

No limiar da vida oculta, o velho Simeão ergue-se ainda; estreita o menino contra o peito, vê as nações deslumbradas por esta luz que naquele momento ele segura entre as mãos envelhecidas. Vê a espada traspassando o coração de Maria e a prediz. E, em seguida, dir-se-ia que se fecha uma cortina. A sombra encobre o menino de quem Lucas não conta mais nada, a não ser o episódio da viagem a Jerusalém e de Jesus perdido de seus pais e reencontrado no Templo, onde deslumbra os doutores da lei. Certamente, isso basta para nos fazer entrever o menino judeu que Ele era, igual aos que ainda existem hoje, como o prova o que acabo de ler em *A noite*, história de um israelita deportado para a Alemanha ainda criança: escapou ao forno crematório, onde todos os seus foram exterminados, este Elie Wiesel. "Tinha uma fé profunda", escreve ele. "Durante o dia, estudava o Talmud e à noite corria à sinagoga para chorar sobre a destruição do Templo: pedia a meu pai que me desse um professor que me guiasse no estudo da Cabala." O menino descobre esse mestre na pessoa dum pobre: "Observara-me um dia quando rezava à hora do crepúsculo: 'Por que choras orando?', perguntou-me. É preciso ler o fim desta história. O menino Elias Wiesel ajuda-me a conceber o que pôde ser humanamente o Menino Jesus, em quem, contudo, a autoridade é o traço que impressiona. O menino já fala como tendo autoridade. Interroga os doutores e os arrebata com as suas próprias respostas. A luz vinda a este mundo já aí se mostrava, como o fizera no presépio, emergindo por algumas horas da sombra que vai de novo encobri-la.

Pressentimos que, entre as paredes de uma casa de Nazaré, Jesus adolescente tenha podido manifestar que era inteiramente de seu Pai, porque a esse respeito tudo se resume numa frase de São Lucas: "Jesus crescia em sabedoria, em tamanho e em graça diante de Deus e dos homens..." e a Virgem "guardava todas essas coisas, repassando-as em seu coração". Ele não conta mais nada. E a lenda não se aproveita desse silêncio. Não se utiliza desse vazio. Sobre esses trinta anos, nada de importante foi contado a Lucas. Ele nada reteve na memória, ele que nos transmitiu tudo sobre o mistério do Natal. Seu silêncio em relação à vida obscura de Nazaré autentica o evangelho da anunciação e da noite de Natal e de tudo aquilo que ele só poderia ter tido conhecimento através de Maria.

É preciso lembrar-nos aqui do escrúpulo que Lucas manifesta nas primeiras linhas de sua narrativa: "Já que muitos empreenderam redigir uma história dos acontecimentos que se realizaram entre nós, tais como no-los transmitiram os que desde o começo foram testemunhas oculares e servidores da Palavra, eu também, depois de me ter informado cuidadosamente de tudo desde as origens, decidi escrever para ti a narração continuada desses fatos..." Trinta anos de retraimento na estreiteza de uma família judia e de um vilarejo, e três rápidos anos para acender esse fogo sobre a terra! "O Filho do Homem veio lançar o fogo sobre a terra e que deseja Ele senão que se acenda?" Que paciência precedendo essa impaciência! Que lentidão antes dessa pressa! Que imobilidade antes dessa jornada insofrida que vai do batismo de João à agonia, à flagelação, aos escarros e à morte ignominiosa!

Todas essas coisas Maria guardava e repassava em seu coração; talvez a certas horas ela se perguntasse se não as havia sonhado... E Ele que era este adolescente com um coração igual ao nosso e este pobre corpo votado a tanto sofrimento — e Ele o sabia —, Ele que era um homem — este homem que o

Deus hoje nos esconde — artesão judeu, igual aos demais, mais piedoso que os outros sem dúvida (mas entre os essênios, como entre os fariseus, eram inúmeras as almas fervorosas), Ele para quem o tempo não existia, que imergia por toda a sua natureza divina num presente eterno, foi obrigado a viver durante trinta anos diante desse destino que lhe era inteiramente conhecido. Sabia que seria desprezado e só teria a seu lado, para transformar o mundo, um punhado de pobres homens.

Nossa fé esbarra no escândalo desse fracasso. Sabemos, contudo, que o amor não se impõe: o amor do Filho do Homem tanto qualquer outro amor. O amor exige corações que se recusem e corações que se deem. E Deus, porque é amor, pode ser rejeitado. Caso se tivesse imposto à sua criatura, seria um outro deus, mas não o nosso, e o homem não seria, entre todos os animais, aquele que ergue uma fronte orgulhosa e esta cabeça que pode, meneando da esquerda para a direita, fazer o sinal de negação. Toda a vida cristã está contida nesse consentimento dado e nunca retomado; nenhum amor se apodera à força do ser que ama. Convida, solicita: e é primeiro que isso a Graça.

Ela faz mais que convidar, que solicitar, e nisso difere do amor humano: age no nosso íntimo. Não há homem que, sabendo exprimir-se e se conhecendo, não possa acompanhar e descrever, através do seu destino, esse rasto de uma perseguição, e mostrar determinada encruzilhada do caminho onde foi chamado pelo próprio nome. Há aí Alguém que sempre esteve nesse mesmo lugar, mas que sempre trocamos por tudo, por qualquer coisa. É somente no deserto do entardecer da vida que mesmo aqueles que foram mais ou menos fiéis e seguiram de longe o Senhor, é só na aridez da velhice, que O preferem de fato, uma vez que, então, não há mais ninguém e nada mais resta.

Dominus meus et Deus meus! Não lanço este grito para Vós como Tomé, depois de vossa ressurreição, e para pôr o dedo nas vossas chagas; adoro-Vos antes que tudo tenha começado nessa cozinha sombria de Nazaré, onde sois alguém que espera — nessa barraca escura como o touril, onde, antes de entrar na arena ofuscante, o touro escuta o rumor da multidão sedenta de sangue.

Foi nessa obscuridade que Charles de Foucauld compreendeu o mistério de sua vocação. Era em Nazaré que Ele morava: para a vítima, é mais penoso sofrer o que precede o martírio do que o próprio martírio; a expectativa do cálice, eis o que constituiu a agonia. Jesus em Nazaré já está, pois, em agonia.

Ter conhecimento do fracasso antes de haver empreendido alguma coisa, da recusa antes de haver solicitado, a aceitação desse mistério do mal que não será vencido porque pode ser preferido e é preciso que o possa ser, senão Deus não seria amor: toda a vida oculta do Senhor talvez esteja contida nesse conhecimento e nessa aceitação. E se Ele foi chamado, durante a vida pública, Jesus de Nazaré, Nazaré ressoa aqui não como a evocação de sua pequena pátria, mas como o título de uma nobreza insigne: a do artífice estendido e pregado de antemão, em espírito, sobre esses pedaços de madeira que suas pobres mãos de operário aplainam.

O que o padre de Foucauld procurava em Nazaré era, segundo uma informação do padre Huvelin, este último lugar que jamais ninguém pudera arrebatar do Senhor. Pergunto-me, entretanto, se a visão que o padre tinha de uma tal "abjeção" — palavra que volta frequentemente em seus escritos — corresponde à realidade. Houve em Nazaré coisa pior para o Filho do Homem que "abjeção" como a concebia Charles de Foucauld: foi a vida normal no seio de um grupo, de uma família numerosa, de toda essa parentela que mais tarde o considerará como um louco e procurará detê-lo: "Os seus partiram para prendê-lo, pois diziam: Ele perdeu o juízo!" (Marcos 3, 21). E ainda: "Seus próprios irmãos não acreditavam n'Ele" (João 7, 5).

Quando Charles de Foucauld anota esta resolução: "Procurar sempre, para mim, o último dos últimos lugares, arranjar minha vida de maneira a ser o último, o mais desprezado dos homens...", esse voto heroico denota, contudo, o desejo do primeiro lugar, já que os primeiros serão os últimos. Jesus em Nazaré ocupa o seu lugar: nem elevado, nem vil, o lugar comum entre todos os parentes. ("Não é o Filho de Maria? Sua família não vive entre nós?" E se irritavam e zombavam.) Sim, igual a todos os outros, não se distinguindo deles nem pela abjeção voluntária, nem mesmo talvez pelo gênero de vida. Decerto foi convidado a muitas bodas antes das de Caná. Teve de figurar várias vezes entre os "amigos do esposo". E Ele é o Cristo, o Filho do Deus vivo. Foi no deserto, alimentado de gafanhotos, que Ele se sentiu liberto da sua natureza humana e já restituído ao Pai. O ajustamento no cerne de uma família judia, pobre mas considerada, eis a prova inimaginável de que certos adolescentes, em sua província, puderam ter o pressentimento: por exemplo, Rimbaud, "única testemunha de sua glória e de sua razão".

Ele amava, entretanto, esse círculo familiar — e cada um deles em particular —, a este ou aquela, com seu coração humano, como mais tarde ao filho de Zebedeu. Revestiu esta carne, sem o pecado — porém não, certamente, sem a ternura —, não, decerto, sem esta parte de nós mesmos que se afeiçoa e sofre.

É em Nazaré que o Cristo é nosso irmão na medida em que pertencemos a uma determinada família, a um meio, a tal profissão; que somos de uma cidade e de uma classe de que não nos podemos desligar sem escândalo. Por causa disso, o Filho do Homem despertou a princípio suspeitas e ficou logo odiado: Ele era o Filho de Maria, conheciam-lhe os parentes e fazia-se passar por profeta! Pretexto, desde o início, para a acusação que O crucificará: "Porque, sendo homem, se fez Deus."

Só se manifesta ao mundo para ser conhecido pelo maior número, nunca tão isolado como na multidão, ou talvez quando está com os Doze que esperam o seu triunfo na terra e disputam o primeiro lugar em seu conselho. Esse Reino que não é deste mundo e está no âmago dos seus corações, eles não o conhecem, e só o conhecerão quando o Espírito lhes tiver comunicado o seu ardor. Vivo, o Filho do Homem permanece desprezado e mesmo desconhecido. Tem-se por vezes a impressão de que só encontra nas criaturas aquilo que Ele próprio nelas depositou. Seus milagres visíveis são o sinal desse milagre invisível, incessantemente renovado, de uma pobre alma atingida e conquistada por um único olhar. Prova-o a palavra: "Teus pecados te são perdoados!", pronunciada soberanamente (e o fato miraculoso só vem depois para corroborar essa absolvição em que Deus se manifestou como autoridade). Se o Senhor perdoa os pecados de um homem, esse homem naturalmente os conhece e deles tem horror; e se arrepende, e ama: a alma foi curada antes do corpo, reconhece o Senhor. Lendo o Evangelho, tenho às vezes a impressão de que, com exceção de sua Mãe, o Filho do Homem, em vida, só foi verdadeiramente reconhecido pelo cego de nascença, ou pelo ladrão na cruz. Esses o veem e sabem quem Ele é, porque Ele próprio fez com que O vissem e conhecessem. Sem dúvida, não esqueço a confissão de São Pedro: "Vós sois o Cristo..." Não se misturam, porém, considerações humanas à fé dos apóstolos antes que Pentecostes os tenha abrasado?

Ó meu Deus nunca tão só do que quando Vos afastáveis da turba e dos próprios discípulos, isolando-Vos para orar! E nós que Vos amamos, sentimos, miseráveis que somos, essa solidão que foi a vossa em meio à multidão dos homens, essa presença adorável de que transbordamos desde que estamos sós.

Libertastes-Vos apressadamente do que tínheis a dizer. "Lançais o fogo sobre a terra." O que tínheis a fazer, Vós o fizestes depressa (conforme o conselho que daríeis a Judas, certa noite), ansioso para que chegassem rápido o dia e a hora em que o Filho do Homem fosse para sempre autenticado. E nós, também, temos pressa de entrar convosco nas trevas de vossa última noite.

III

O MISTÉRIO DA CRUZ

O acontecimento que os cristãos comemoram durante a Semana Santa pertence à História e não é um mito, como tendem a esquecê-lo aqueles para quem o religioso é sempre mítico. É-nos relatado por numerosos textos, sobre os quais se aplicaram gerações de exegetas; situa-se sob Tibério numa época pouco distante da nossa — que são dois mil anos! — e nesse Oriente que nós mesmos definimos quando dizemos que é "próximo".

Esse acontecimento refere-se a um homem igual a nós, um semita, da raça daqueles com quem lidamos hoje, e geralmente são os próprios cristãos que disso se esquecem, porque adoram um Deus. Mas o Filho de Deus é também o Filho do Homem, não podem fugir a esta crença: um homem, e não qualquer homem, um artesão com uma natureza de homem, um caráter de homem.

A sua mocidade obscura Ele a viveu toda como operário, num vilarejo. Saiu bruscamente desse retiro, mais ou menos aos trinta anos, e percorreu a Galileia, depois a Judeia. Era alguém que curava e pregava...Antes d'Ele houvera outros que exerciam o mesmo mister e hoje ainda conhecemos alguns. Mas, no que esse realizava, o único objetivo era obrigar os pobres a acreditar no que lhes dizia. E que dizia Ele? "Passarão o céu e a terra, mas não passarão minhas palavras." E essas palavras abrasam-nos ainda. Criaram um homem novo. Transformaram, nas gerações de fiéis, o coração de pedra em coração de carne. E em muitos, depois de perdida a fé, o coração de carne permaneceu.

Quando eu escrevia a *Vida de Jesus*, à medida que avançava no trabalho, seus traços marcantes me impressionavam. Como puderam alguns persistir na opinião de que "Jesus era uma personagem mítica"? Tinha a impressão de ouvir a voz irritada. Ele dava de ombros, suspirava exausto quando seus familiares teimavam em não compreender o que Ele viera fazer aqui. Um violento, mas sua violência era a do amor. "Vim lançar o fogo sobre a terra, e que mais desejo senão que se acenda?" Esse fogo não se extinguiu mais e continua a assustar os senhores do mundo. O nome do revolucionário ficou de tal modo desvirtuado e comprometido que nos repugna usá--lo a propósito desse Jesus que, o primeiro de uma imensa posteridade, amou aos irmãos humanos mais do que à própria vida.

O sofrimento dos homens

O sofrimento dessa semana concerne à humanidade inteira porque nos demonstra que um homem pretendeu avocar a si, no espaço de uma noite e um dia, o sofrimento dos homens. Não fomos todos traídos por um beijo, não fomos todos renegados por nosso melhor amigo e abandonados pelos outros. Não estivemos todos amarrados a uma coluna nem recebemos na face o escarro da soldadesca e as suas bofetadas brutais, não fomos todos humilhados e desprezados por motivos raciais. Não fracassamos todos, como fracassou este crucificado naquela véspera de sábado, a ponto de chegar àquele brado desconcertante para a nossa fé, e que lhe foi arrancado de um corpo que era uma chaga viva: "Meu Deus, por que me desamparaste?"

Não lhe bastou padecer esse martírio total: chamou-o a Si. Através dos três sinóticos, como ao longo do quarto Evangelho, em palavras que não podem ter sido inventadas (ouvimos tremer-lhe a voz), Ele afirma que sabe para onde se encaminha, anuncia o cálice que vai beber.

Os pobres homens, que O seguem arriscando a vida com a d'Ele, fugiriam se lhes fosse revelado de repente aquilo por que Jesus deverá passar, e eles com Ele, antes de penetrar em seu Reino. Porque é de fato isso que está em jogo, a conquista de um reino — e é o que engana esses pescadores ingênuos que abandonaram as redes e os barcos —, esta vitória prometida sobre o mundo: "Não temais. Eu venci o mundo."

Vitória intimamente ligada a uma derrota, vitória imensa emanando de uma derrota total: é de fato o que comemoramos nesses dias, e o que não poderia ser negado por ninguém. Crentes ou não, estamos de acordo quanto à razão dessa contradição estranha que, de tal fracasso, faz surgir o triunfo. Os que não creem que um judeu crucificado ressuscitou dos mortos admitem pelo menos que seus discípulos tenham acreditado nisso, e essa certeza transformou o desespero em alegria e fez, repentinamente, desses covardes uns ousados e uns mártires.

Proibição de permanência

O que era, pois, este Jesus de Nazaré, durante a sua última semana de vida? O quarto Evangelho, melhor que os sinóticos, no-Lo faz sentir: um homem fora da lei, e que se esconde.

Os sacerdotes já julgaram e condenaram esse blasfemador, esse galileu de ínfima classe que, sendo homem, se apresenta como Deus: ousa perdoar os pecados! Não pode haver hesitação, dúvida a seu respeito. Isso, porém, não é o pior: iluminado, aspira talvez ao poder supremo. Fazer-se Messias é se dar ares de conquistador. Ora, os romanos aí estão e o seu procurador, Pilatos, não gosta de judeus.

É um preposto implacável. Chegado é o momento de lhe entregar o curandeiro temível que, sem dúvida, tem poder. Os sacerdotes, porém, sabem de quem Ele o recebe: de Belzebu.

Jesus permaneceu nas terras de Herodes, onde estava em segurança, até que a morte de seu amigo Lázaro o chamou a Betânia. Nada ignora do que se trama contra Ele, pois outro amigo, Nicodemos, faz parte do Conselho. Jesus, apesar de não ter autorização para a permanência, é obrigado, pela festa da Páscoa, a subir ao Templo: considerarão isso como um delito, para terem um pretexto. Talvez Ele se creia protegido, pensam os inimigos, porque o povo O cerca e O aclama. Mas essa entrada sob as palmas e entre hosanas terá importância decisiva. Os sacerdotes detê-Lo-ão à hora das trevas. Têm, a seu serviço, um homem entre os amigos íntimos do Cristo.

Antes que Jesus penetre nessa noite de quinta para sexta-feira, que vai começar pela agonia em vez de terminar por ela, como se a agonia devesse ser experimentada à parte e precedesse à traição do amigo, um ato vai cumprir-se que sintetiza para sempre, em sua loucura, o mistério da fé cristã.

De quinta para sexta-feira

A última refeição do Senhor neste mundo é realmente uma pré-ressurreição, pois é antes de ser preso e imolado que Ele parte o pão e diz aos discípulos unidos à sua volta: "Isto é meu corpo entregue por vós." E o sangue corre ainda em suas veias quando abençoa o cálice, onde há vinho, e diz: "Isto é meu sangue, o sangue da nova aliança derramado por vós..."

Um mito? Nascido desde o primeiro dia, em todo o caso. O que sabemos desse gesto baseia-se num testemunho muito antigo, anterior aos sinóticos. São Paulo escreve aos coríntios: "Recebi do Senhor o que vos ensinei: é que na noite em que foi entregue, tomou o pão...", e toda a sequência até: "Fazei isso em memória de mim."

Desde esse alvorecer da Igreja, o que se tornará o sacrifício da Missa já é o Pão vivo em torno do qual a Igreja vai tecer, para encerrá-lo, a túnica inconsútil da doutrina, das definições e dos ritos. A Eucaristia foi o centro de tudo, desde o primeiro dia. Os Atos dos Apóstolos relatam que, logo após a ressurreição, os discípulos "juntos tomavam parte na fração do pão".

Lavo as minhas mãos...

Mas retornemos à noite da quinta para sexta-feira. Após essa última palavra sobre um cálice de vinho, o Deus se aniquila e, depois que passa o Cédron à noite, em companhia de alguns homens amedrontados, só resta o homem fora da lei, aquele que, como em todos os tempos, não tem o direito de permanência. Chegam aos olivais onde costumavam refugiar-se quando não havia tempo para chegar a Betânia. Os outros, mortos de cansaço, deitam-se no chão. Ele vai velar.

O que foi essa vigília, cada palavra, cada suspiro, cada gota de suor, qual é o cristão que em determinado momento da vida não tenha volvido para essas cenas o coração e o pensamento? Quem não escutou nas profundezas da noite esse rumor de passos e de vozes?

Eis o amigo que vai traí-lo e a gente do sumo sacerdote, e o tribuno e os soldados da coorte, incapazes decerto de distinguir um daqueles judeus, se o beijo de Judas não o houvesse designado: todos iguais, esses covardes, esses gringos, esses ratos. Deviam ter palavras como essas para saciarem um desprezo que começa a envergonhar alguns cristãos de uns tempos para cá.

Judas consuma a traição pelo beijo. Os outros fogem. O Cordeiro de Deus é entregue às mãos que conhecemos, por certo!, que nunca cessaram de ativar-se nas casas de recuperação, nos campos de concentração, nos comissariados. Nenhuma bofetada, nenhum escarro sobre essa Face adorável pode comparar-se, no entanto, em horror, à tríplice negação de Pedro, agachado junto ao fogo (faz frio nessa noite de primavera), no pátio da casa do sumo sacerdote, e que uma criada interroga: "Não conheço esse homem. Não sei quem é."

O ódio dos sacerdotes entrega Jesus ao escrúpulo legalista do funcionário. Um judeu é apenas um judeu, mas os romanos têm princípios e aquele judeu é, sem dúvida, diferente dos outros. Pilatos gostaria de libertar o Cordeiro. Mas é um homem político. Tem de pensar em sua carreira.

Conhecemos Pilatos. Pilatos pode vir a ser ministro. Deve levar em consideração muita gente, até mesmo aquela ralé do Templo, que pode prejudicá-lo. Herodes também é perigoso: estão desavindos. Um relatório de Herodes para a Corte suprema ser-lhe-ia prejudicial. "E, depois disso, porventura sou judeu? Que se arranjem entre si. Lavo as minhas mãos." E continua a lavar as mãos no decorrer desses dois mil anos.

Compreendemos o que esse gesto significa, quando em espírito entramos na cadeia infindável da injustiça e da ferocidade humana e observamos toda essa gente honesta que preferiu fechar os olhos para nada ver. E nós mesmos, como agimos?

Irmão de todos os condenados

Para que tornar a descrever aqui o caminho da cruz? Todos os conhecem. Até mesmo os ateus acompanham com o olhar este homem, irmão de todos os condenados que ainda hoje caem nas mãos de certos juízes. Sempre gostei da exclamação do bárbaro Clóvis ao bispo Remígio, que lhe contava essa história: "Ah! se estivesse lá com os meus francos!" Ah! se estivéssemos lá! Mas estamos, se é verdade que Jesus permanecerá em agonia até o fim do mundo e que está presente, como o afirmou, em toda carne torturada.

Percorramos, sem nos deter, esses passos dolorosos até chegar à última derrota, à demonstração da impotência absoluta do embusteiro que pretendia ressuscitar os mortos, ler os pensamentos, absolver os pecados! E os doutores e escribas lhe gritam então que desça da cruz para que acreditem nele. Curava os outros, mas não pode curar a si mesmo! Que risos histéricos, que gargalhadas ruidosas! Sua mãe está presente, algumas mulheres e João, que testemunhou o fato, pois ouviu o brado misterioso, que fez o centurião bater no peito e acreditar que esse supliciado era o Messias, enviado ao mundo.

Em direção ao albergue de Emaús

Tudo está dito e a história, acabada. No entanto, é agora que ela começa. Podeis achar que o Cristo não tenha ressuscitado, mas não podeis negar que seus amigos tenham acreditado nisso. Estavam certos de que O tinham visto, de que com Ele tinham convivido, depois da morte.

Afastemos um instante os testemunhos dos sinóticos e do quarto Evangelho, onde há algumas variações e onde se percebe uma certa hesitação. Baseemo-nos diretamente num testemunho anterior, o primeiro de todos. É São Paulo que lembra aos coríntios: "Ele apareceu a Cefas, em seguida aos Doze. Depois apareceu ao mesmo tempo a mais de quinhentos irmãos, dos quais a maioria ainda vive e uns poucos morreram. Apareceu a Tiago, e depois a todos os apóstolos. Por último de todos apareceu também a mim, como ao ínfimo dos homens."

São Paulo despreza aqui o testemunho das mulheres, que ocupa, nos Evangelhos, um lugar preponderante. Fala da aparição a Tiago que só os apócrifos mencionam. É depois desse depoimento de Paulo que se devem ler, página por página, os evangelhos da ressurreição, e neles meditar. Parece-me que há uma passagem especial para cada um de nós. Uns choram com Maria Madalena diante do túmulo vazio, e de repente ei-Lo que aparece, este homem, que os chama pelo nome, em voz baixa. Outros põem o dedo com Tomé na chaga aberta.

Eu, durante toda a minha vida, certamente caminhei com estes dois homens extenuados que voltam à tardinha para Emaús. Jesus morreu, eles perderam tudo. O que escrevi sobre isso, há vinte anos, em minha *Vida de Jesus,* só hoje na hora em que a treva se faz mais densa é que lhe penetro o sentido. A qual dentre nós este albergue de Emaús não é familiar? Quem não andou por esse caminho numa noite em que tudo parecia perdido? O Cristo morrera em nós. Haviam-no roubado: o mundo, os filósofos e os sábios, a paixão. Para nós, na terra, não havia mais Jesus. Seguíamos um caminho e alguém caminhava ao nosso lado. Estávamos e não estávamos sós. Era noite. Eis uma porta aberta, na obscuridade de uma sala, onde a chama da lareira ilumina apenas a terra batida e movimenta as sombras. Ó pão fracionado! Ó migalha consumida apesar de tanta miséria! "Fica conosco porque se faz tarde..." O dia declina, a vida chega ao fim. A infância surge mais distante que o começo do mundo; e da mocidade perdida só escutamos o último murmúrio nas árvores mortas do parque irreconhecível...

Esse faminto sou Eu

Para a fé dos cristãos, o Senhor ressuscitado não deixou este mundo. Paulo não é mais o último dos que O viram. Ele se manifestou através dos séculos a muitos santos e santas, a simples fiéis e mesmo a não batizados como Simone Weil.

Mas o maior número não viu e creu. Acreditamos que o Cristo está atualmente vivo. Porque é realmente essa loucura que está em debate.

Os que acreditam que Ele está vivo e, no entanto, não O viram, em que se apoiam para afirmar o absurdo? Donde lhes vem essa persuasão? Como se manifesta essa presença numa vida? De fato, no começo, há o ato de fé numa palavra dada, mas que a experiência interior confirma. "Deixo-vos a paz. Dou-vos a minha paz, não como vo-la dá o mundo." Essa paz viva não é uma ilusão: o cristão a experimenta e dela vive. Está ligada ao estado de Graça que, enquanto nele permanecemos, comprova a realização da promessa: "Se alguém me ama, guardará minha palavra, e meu Pai o amará, e viremos a Ele e n'Ele faremos a nossa morada."

Porém o cristão, sobretudo se é católico, tem a seu alcance, a cada dia, essa fração do pão sobre a qual o Senhor pronunciou palavras tão loucas ("Eu sou o pão vivo...") que os discípulos se espantaram e — conta-nos São João — muitos dos que as ouviram não quiseram mais acompanhá-Lo. Há quase dois mil anos, gerações fiéis vivem contudo desse pão partido e multiplicado para elas.

E aos que não creem ou zombam dessa loucura e mesmo a odeiam, o Cristo vivo se dá também, se eles O merecem. Pois não foi apenas sobre um pedaço de pão e um cálice de vinho que Ele disse: "Isto é meu corpo e meu sangue..." Disse-o, no mesmo tom e com a mesma precisão, desse faminto a quem dais de comer ou a quem recusais alimento. "Esse pobre sou Eu, esse doente sou Eu, esse estrangeiro, esse encarcerado que visitastes ou que torturastes, era Eu."

Que cada um releia o capítulo 25 de São Mateus: "Foi a mim mesmo que o fizestes..." Eis o sacramento dos que servem ao Cristo sem conhecê-Lo e que O amam em seus irmãos. É preciso voltar sempre à palavra de São João da Cruz: "É sobre o amor que seremos julgados." Sim, e é o Amor que nos julgará.

A Santa Face

O homem, chamado Jesus e que para a nossa fé era Deus, cada um de nós O vê, mas com uma visão tão pessoal que chega a ser incomunicável. A Igreja tanto deixa a seus filhos a liberdade de transfigurar em Messias glorioso "o mais belo dos filhos dos homens" como a de adotar o Nazareno, considerado louco por seus familiares, ou a de prostrar-se diante da vítima ensanguentada, a Face irreconhecível, tal como já Isaías a contemplava.

Imaginamos Jesus como nossa natureza O solicita, como nosso amor e exige. Recriamo-Lo não de certo à nossa imagem e semelhança, mas conforme a necessidade que temos de não desfalecer em sua presença.

Entretanto, o Cristo viveu realmente sobre a terra e pertence à História. Devemos, pois, admitir que uma das duas tradições corresponda ao que Ele foi e, se os que creem num Cristo de aparência nobre e majestosa têm razão, enganam-se os outros que o imaginam débil e sem brilho.

Na verdade, os dois aspectos do Cristo encarnado encontram ambos a justificação nos Evangelhos. Um fato é irretorquível: Jesus não foi reconhecido pela maior parte das pessoas. Não se impunha de tal maneira que seus inimigos hesitassem em combatê-Lo. Parece realmente que foi muito mais pela palavra e pelos milagres, do que pela aparência ou pela atitude, que Ele subjugava a multidão, e aqueles que desde o começo de sua vida pública não acreditaram em sua pregação e em seus prodígios não discerniram nada de divino nos traços de seu rosto. A samaritana a princípio toma esse estrangeiro como um judeu qualquer, de quem zomba. Seus inimigos, apesar de estarem pensando em matá-Lo, não se sentem temerosos, só O poupam com receio do povo, certos de que se trata de um impostor.

No momento de entregar Jesus a eles, Judas não lhes dirá: "Reconhecê-Lo-eis pela estatura; o mais alto de nós, de uma majestade que esplende aos olhos de todos, é quem deveis prender." Não lhes dirá: "Distinguireis primeiro o Chefe e o Mestre..." Não, é necessário que um beijo lhes sirva de sinal. Portanto, apesar das tochas, os soldados não poderiam reconhecê-lo entre os onze pobres judeus que o cercam.

Contudo, não é menos verdade que, em muitos encontros, Jesus, quando foi amado, o foi imediatamente, e muitas vezes foi seguido logo à primeira palavra e mesmo antes de qualquer milagre. Bastou um chamado para que homens abandonassem tudo o que possuíam neste mundo e O acompanhassem. Fixava as criaturas com um olhar irresistível, cuja força e onipotência se afirmam cada vez que uma criatura, banhada em lágrimas, cai de joelhos a seus pés.

Nessa oposição aparente entre um Cristo que, só pela aproximação, conquista os corações e um agitador nazareno, desprezado pelos príncipes dos sacerdotes e que os soldados, incumbidos de prendê-Lo, não distinguem entre os discípulos, nessa visão contraditória, devemos esforçar-nos por descobrir o que foi a aparência humana de Jesus.

Assemelhava-se, de certo, a muitas criaturas, cuja beleza discreta e ao mesmo tempo deslumbrante fascina certos olhares e escapa a outros — sobretudo quando é uma beleza de ordem espiritual. O resplendor augusto sobre essa face só era percebido graças a uma disposição interior.

Quando amamos alguém, admiramo-nos da indiferença alheia diante do rosto que resume para nós toda a beleza do mundo. Sobre esses traços que refletem o céu e cuja visão nos deixa desvairados de alegria ou de angústia, outros nem sequer cogitam lançar um simples olhar. O menor instante vivido ao lado da criatura amada tem para nós um preço inestimável, enquanto quase nada representa para seus companheiros ou seus pais o fato de viverem sob o mesmo teto ou de partilharem o mesmo trabalho e respirarem o mesmo ar.

Como toda criatura, Jesus se transformava conforme o coração que O refletia. A Graça, porém, acrescenta a esse fenômeno de ordem natural a sua ação imprevisível. Enquanto não depende de nós aparecer aos outros como desejaríamos que Ele nos visse, o Homem-Deus não permanecia apenas senhor dos corações, mas também senhor do reflexo de sua Face nos corações. Curou muito mais cegos de nascença do que nos conta o Evangelho. Cada vez que uma criatura O chamou de seu Senhor e de seu Deus e confessou que Ele era o Cristo, o Messias vindo a este mundo, foi porque Ele próprio descerrara nela os olhos d'alma que não se contentam com uma visão superficial.

Eis porque, entre todos os pintores, Rembrandt é o que me parece ter dado do Cristo imagem mais conforme a narração evangélica. Penso sobretudo no quadro do Louvre em que o Deus extenuado e quase exangue é reconhecido pelos dois discípulos com quem parte o pão, no albergue de Emaús.

Nada de menos extraordinário que esse resto sofredor. Seria preciso ousar dizer: nada de mais comum. E, no entanto, nessa Face humilde resplandece uma luz, cuja origem é o Pai, que é Amor. Não se poderia ser mais humano do que foi esse Nazareno da classe pobre, de quem os sacerdotes tanto zombaram e que, mesmo antes que a flagelação O houvesse desfigurado, intimidava tão pouco a soldadesca e os serviçais das cozinhas a ponto de receber uma bofetada dum criado do sumo sacerdote. E, no entanto, nessa carne miserável que emerge de um abismo de humilhação e tortura, Deus se manifesta com uma grandeza suave e terrível. Tudo acontece como se o milagre da Transfiguração não se tivesse realizado apenas uma vez no Tabor, mas se renovasse tantas vezes quantas o Senhor houve por bem dar-se a conhecer a uma de suas criaturas.

Contudo, um homem amado ou não, adorado ou menosprezado, possui uma certa estatura à qual não lhe é permitido acrescentar ou dela tirar um côvado. Mostra-se ereto ou corcunda, seus traços são regulares ou desproporcionados. Seus cabelos e olhos têm uma certa coloração. Ora, talvez tenhamos um documento que, se fosse autêntico, deveria encerrar qualquer discussão sobre o aspecto físico do Senhor, já que nos oferece, literalmente, o seu retrato. O problema, suscitado pelo Santo Sudário de Turim e pela imagem de um homem crucificado que nele se discerne, escapa à minha competência. Possuo algumas cópias fotográficas. Ouvi e li os comentários impressionantes de Paul Vignon, que foi ao mesmo tempo um sábio e um apóstolo. Se aceitamos como verídica essa imagem, cuja manifestação, depois de tantos séculos, estava reservada à nossa época, graças a uma destas descobertas de que ela se mostra tão orgulhosa, não podemos mais negar que Jesus era de estatura majestosa e que seu rosto augusto, mais ainda talvez do que o amor, atraía a adoração.

O estranho é que, por uma filiação misteriosa, quase todas as figuras do Cristo triunfante que inventaram os pintores, desde as primeiras efígies bizantinas até os Cristos de Giotto e de Angelico, de Rafael, de Ticiano ou de Quentin Matsys, procedem desse desenho misterioso encerrado no santo sudário e de que nenhum dos inúmeros artistas que o reproduziram suspeitava sequer a existência. É realmente o tipo humano sobre o qual todos estão de acordo e que surge à nossa mente quando se diz de alguém: "Tem uma cabeça de Cristo..." E, até hoje, a mais insípida estamparia sulpiciana desonra (e seu crime, por isso, ainda é maior) a Face autêntica, tal como apareceu à Virgem, a Madalena e a João. É de fato do seu retrato, ou mais exatamente da sua caricatura, que desviamos os olhos ao passar por essas vitrinas. O Filho do Homem parecia-se realmente com essas estátuas cor-de-rosa do Sagrado Coração, se é verídica a relíquia de Turim.

Em compensação, os primitivos que procuraram pintar o Cristo sofredor e humilhado reproduziram essa humilhação e esse sofrimento com muito mais intensidade do que o próprio Salvador o demonstrou na sua Carne antes da Paixão — e mesmo como permaneceu através das torturas da flagelação, da coroação de espinhos, da crucificação e da agonia. Pois sua beleza física transparece no próprio sudário, ainda manchado de pus e de sangue. A morte mais atroz deixou intato esse corpo, as bofetadas e os escarros e o sangue e as lágrimas não destruíram, nem por um instante, a pureza dessa Face incorruptível.

IV

Presença do Cristo ressuscitado

Um homem nasceu na Judeia, no tempo de Augusto; um homem morreu, foi sepultado em Jerusalém, sob o reinado de Tibério, um homem cuja morte não marcou o fim da vida. Os temerários, que ousam empreender a narrativa dessa vida, não sabem quando interrompê-la, pois o túmulo, onde foi colocado o corpo do supliciado, não finaliza coisa alguma. Seu sepulcro é apenas um marco à beira desta estrada que, através da história humana, mais se amplifica.

Mesmo os que não reconhecem na ressurreição do Cristo nenhuma realidade histórica, admitem que, durante as semanas subsequentes à sua morte, julgaram os seus discípulos terem-no visto, falado com Ele, tocado n'Ele em alguns encontros, a caminho de um vilarejo certa noite, num jardim ou às margens do lago enquanto pescavam; e, com todas as portas fechadas, quando estavam à mesa, Ele entrou, e um dos presentes pôs os dedos nas chagas de suas mãos, de seus pés, de seu coração. Tenham, ou não, sido vítimas de uma ilusão, a certeza de que O haviam tornado a ver transformou para eles a cruz do condenado e o escândalo e o opróbrio numa fonte de esperança tão abundante, que a nossa geração nela ainda se dessedenta: "Eu vos ensinei", escreve São Paulo aos coríntios, na primeira carta em que lhes recorda os acontecimentos já conhecidos por todos e sobre os quais não acha necessário deter-se, "em primeiro lugar o que também aprendi: o Cristo morreu por nossos pecados, como o dizem as Escrituras. Foi colocado no sepulcro e ressuscitou no terceiro dia, conforme as Escrituras. Apareceu a Cefas, depois aos Doze. Apareceu em seguida a mais de quinhentos irmãos ao mesmo tempo, dos quais a maioria ainda vive, mas alguns já morreram. Apareceu em seguida a Tiago, depois a todos os apóstolos. Por último apareceu também a mim, o mais desprezível de todos..."

Essa segunda vida de Jesus, muito curta, que vai da ressurreição à ascensão, confirma a fé dos apóstolos e dá um alcance infinito aos trinta anos obscuros e aos três anos públicos desse pregador judeu: seu túmulo torna-se um berço. A noite de Emaús vê surgir, das profundezas de um albergue, um clarão de alvorada sobre o primeiro cálice.

Essa segunda vida, no entanto, não sabemos tampouco onde interrompê-la. Não tem, como a primeira, termo definido. Ainda bem não desaparecera por entre as nuvens, começava para o Ressuscitado a terceira vida, a que perdura até hoje: a ocupação por um Mestre invisível de todos os caminhos que dão acesso aos corações e aos espíritos. E, seja essa presença real ou ilusória, o fato é que nela se crê; permanece evidente para milhões de seres humanos. Hoje, ainda, depois de tantos séculos, esse homem aí está, preferido, traído, abandonado, reencontrado, como um amigo, como um amante. É Ele, realmente, como o conhecemos pelos Evangelhos, com a sua exigência desmedida, arrancando o homem à mulher e a mulher ao homem, destruindo o par humano para escândalo de tantos. Todas as palavras pronunciadas por Ele durante a vida mortal, ainda as seguimos à risca. O fogo que Ele veio acender sobre a terra tornou-se este incêndio que por vezes deslumbra os olhos, mas que, mais comumente, alastra, rasteja como essas queimadas no matagal, quase subterrâneas, propagando-se pelas raízes, pela turfa. Se as criaturas assim atingidas cedem a uma miragem, que mistério surpreendente! Todas essas mulheres, senhoras de sua carne e de seu sangue, prisioneiras dos hospitais, dos asilos, dos leprosários...

Talvez isso ainda pudesse ser explicado: uma vocação natural inclina a criatura, que é fraca, para as chagas de nossos pobres corpos. Porém muitas outras se separam dos vivos para pertencerem unicamente a um homem, chamado Jesus, que há dois mil anos deixou o mundo. Ele continua sempre presente para elas, mais presente que qualquer outra criatura visível, d'Ele se alimentam, no sentido rigoroso da palavra. Casos excepcionais, dir-se-á, casos mórbidos. Loucura das loucuras... Entretanto, mesmo além das consagradas, em todas as classes e na menos cristã de todas, a classe operária, entre os rapazes na idade do desejo, um pequeno número sacrifica qualquer outro amor a este amor por um homem que não veem e que aí está, tiranicamente presente para cada um deles.

Se falais ainda de loucura, concordarão conosco: a loucura da cruz, desde São Paulo, é expressão habitual entre os cristãos. Loucura contra a natureza, poder-se-ia dizer, se essa insurreição do ser inteiro contra a natureza aparente do ser humano não revelasse uma outra exigência no homem, uma exigência de sua natureza mais secreta e que já se manifestava antes que o Cristo tivesse vindo com seu fardo e seu jugo.

Um certo Jesus que morreu e que Paulo afirma estar vivo

Aproximadamente no ano 59, Pórcio Festo, nomeado governador da Judeia, encontrou na prisão de Cesareia um certo Paulo, que seu predecessor, Félix, aí retinha havia dois anos. Esse Festo, apresentando o processo de Paulo ao rei Agripa, que era judeu, resumia-o da seguinte maneira: "Há aqui um homem que Félix deixou prisioneiro. Os príncipes dos sacerdotes e os anciãos dentre os judeus apresentaram queixa contra ele, quando eu estava em Jerusalém, pedindo sua condenação. Respondi-lhes que, entre os romanos, não é usual entregar um homem antes de tê-lo acareado com os acusadores e de haver-lhe concedido possibilidade de defesa. Vieram, então, aqui e, sem delongas, assumi o meu lugar no tribunal no dia seguinte e mandei trazer o homem. Não lhe imputaram os seus acusadores nada do que eu supunha, atacaram-no, porém, sobre questões duvidosas, relativas à religião, *e sobre um certo Jesus que morreu e que Paulo afirma estar vivo...*"

Assim como na tarde da Páscoa o Cristo estava morto e, no entanto, vivia, na tarde da Ascensão Ele voltou para o Pai, sem deixar, porém, os seus. Há sinais dessa presença. Não chamamos "sinais" estes testemunhos extraordinários do gênio cristão que escalonam a história universal. Mas uma presença, como uma fonte subterrânea, aflora em certos momentos. Os ouvidos humanos escutam uma voz ou creem escutá-la. Homens e mulheres se referem a uma palavra e acontece que a reconhecemos ou acreditamos reconhecê-la. O homem, cujo nome é Jesus e que os Evangelhos nos fazem conhecer, não é uma criatura desencarnada: possui um caráter definido, categórico, e tudo que diz tem uma ressonância de tal maneira peculiar que as "palavras do Senhor", transmitidas, de início, de boca em boca, conservam uma espécie de vibração em que o tom, a inflexão continuam perceptíveis. Se, portanto, Paulo não se enganou ao afirmar a Festo que o Crucificado ainda vive, deveríamos reconhecer essa inflexão e esse tom naquilo que uma Gertrudes, uma Teresa, uma Ângela de Foligno nos relatam de suas conversas com o Senhor. Aconteceu-me pôr nessas buscas, nessa confrontação do Cristo do Evangelho com o invisível e onipresente Jesus, que faz confidências a seus bem-amados, um sentimento apaixonado, que talvez não fosse inteiramente puro e haurisse a sua força na fraqueza de minha fé. Era tão grande o desejo de provar a mim mesmo que Ele está sempre presente, no meio deste mundo sombrio, esse Jesus de Emaús, e que permanece conosco neste crepúsculo expressivo, pois que homens e mulheres O escutam e repetem o que ouviram, que me envaidecia por reconhecer-lhe a voz, eu, a quem essa voz é familiar desde a mais tenra infância e que pertenço ao seu redil.

Entretanto, essas palavras do Senhor invisível, que nos são referidas por almas santas, não têm mais a singeleza das que ressoaram na Judeia, nos dias de Herodes e de Tibério. Mesmo quando, antes de nos atingir, não transpuseram abismos de mediocridade ou de pequenez, são geralmente traduzidas e interpretadas por criaturas em quem os dons naturais não igualam a virtude. E são, sobretudo, confundidas com muitas outras, frutos de uma piedosa imaginação: essa água divina brota em plena humanidade, água, ao mesmo tempo, cristalina e turva, carreando resíduos e folhas. É o que transparece logo que se tenta ler a obra intitulada *As palavras divinas* e onde o padre Saudreau quis reunir o essencial do que o Senhor disse a seus íntimos no decorrer dos séculos cristãos.

Compreendemos, então, a prudência de Santa Teresa no capítulo terceiro das *Sextas moradas,* onde fala "das palavras que Deus dirige à alma e dos sinais que as distinguem das que provêm da imaginação ou do demônio". De todos esses sinais, a simplicidade, a singeleza de cada preceito autêntico do Cristo é o que mais me impressiona. Acontece, aliás, que, através da linguagem florida da devoção, atingimos esse rochedo de ásperas arestas. Santa Teresa não fala desse despojamento das palavras divinas como de um indício que ajuda a reconhecê--las; devia, no entanto, sentir isso, pois que escrevia: "Uma alma se encontra em dificuldades, perturbada, e estas poucas palavras: *Não te aflijas*, devolvem-lhe a calma, enchem-na de luz e dissipam-lhe todas as tristezas que, momentos antes, lhe pareciam impossíveis de ser removidas, mesmo pela ação de todos os homens mais sábios do mundo. Uma outra pessoa se encontra aflita e aterrorizada; ouve apenas estas palavras: *Sou eu, não temas,* e de repente todas essas apreensões se desvanecem. Outra, preocupada com o êxito de algum negócio importante, ouve as seguintes palavras: *Fica tranquilo..."*

Não te aflijas, sou eu, não temas, fica tranquilo, eis a linguagem humana de que Deus se serve quando se dirige ao homem sofredor, como ao mar agitado em suas profundezas, e de repente faz-se uma grande calma, e é por essa calma que o Mestre se revela. É a linguagem humana no limite máximo de seu despojamento e de sua eficiência, reduzida a esse quase nada de que o Cristo sempre se serviu para falar à criatura, a derradeira palavra nos confins do silêncio vivente. Acontece também que essas breves cintilações prenunciam nos bem-amados do Cristo: o silêncio, as trevas, o aniquilamento. Entre eles, quase que unicamente, as mulheres se retardam, à beira do poço, como a samaritana, se entretendo com a Verdade encarnada. São João da Cruz, porém, desconfia até mesmo dessas delícias. Não que rejeite ou desdenhe as palavras interiores que chama de "substanciais" e que, diz ele, penetram na alma a ponto de se lhe tornarem toda a força e toda a vida. Permanece, contudo, o amante do amor na escuridão da noite; o amor, a seu ver, é fruto da fé, isto é, das trevas. Desconfia daquilo que afasta uma alma "da fé obscura em que o entendimento deve permanecer para chegar a Deus por amor". Assim, para acompanhar as pegadas do Cristo invisível ao longo dessa terceira vida, não nos basta surpreender os diálogos do Filho com sua criatura, é preciso poder também interpretar cada silêncio. É loucura, talvez. Experimentemos, entretanto.

O corpo místico

Esses homens e essas poucas mulheres que, depois de ter o Cristo desaparecido, se encerram no Cenáculo e conservam ainda nos olhos o reflexo do Mestre, nos ouvidos a vibração de suas últimas palavras, estão tão plenos d'Ele que chegam a ser Ele mesmo; o "corpo místico", essa identificação da Igreja e do Cristo, aparece, durante essas primeiras semanas, como uma verdade tangível. O espírito que invade os apóstolos remata neles a realização da Trindade: "Se alguém Me ama, dissera-lhes o Senhor, conservará minha palavra, e meu Pai o amará, e viremos a ele e aí faremos nossa morada..." E, agora, o Amor habita neles também.

Assim que receberam esse espírito de amor, transbordavam a tal ponto de Deus que Anás, o sumo sacerdote, Caifás e todos os matadores de Jesus, que estavam ainda na cidade, deveriam ter achado que aquele homem voltara. Desde que a pedra rolara sobre o cadáver de Jesus, não tinham mais dúvida de que o caso estava encerrado, não apenas porque aquele miserável estava morto, mas sobretudo porque o seu suplício os convencia de que Ele não tinha poder e, consequentemente, era um mentiroso, um impostor. Ora, ei-Lo de novo envolvendo a cidade. Seu nome voa de boca em boca. O coxo, no limiar do Templo, na chamada "Bela Porta", acaba de ficar curado. Sob esse mesmo pórtico de Salomão, onde ontem ainda o agitador ousara apregoar aos judeus que o atacavam "Meu Pai e Eu somos um...", sob esse mesmo pórtico, a mesma multidão, transida de emoção por esse milagre, cercava Pedro e João. Enquanto só um pequeno número acreditara no Cristo visível, agora que Ele falava pela boca de seus bem-amados, todos os que O ouviam "sentiam o coração traspassado", escreve o autor dos Atos.

O preço do sangue derramado eram esses homens batizados aos milhares, logo assíduos em ouvir a palavra, em participar, juntos, da fração do pão e das orações. A hóstia consagrada para eles era menos presença do que alimento. Já acreditavam, sem dúvida, como o asseveram os textos de São Paulo, no que cremos hoje em relação ao Pão de Vida e ao Cálice do Senhor; o sentido da presença, porém, lhes era dado sobretudo por este espírito de amor e de persuasão, por este poder sobre a matéria, sobre a carne e sobre os corações, com que os cumulava o Senhor, a eles identificado.

Uma transformação surpreendente desconcertava os príncipes dos sacerdotes, raposas apanhadas nas próprias armadilhas: a infâmia da cruz coroava a história desse homem, esclarecia-a, tornava-se o segredo do seu destino, a palavra-chave do enigma que lhes lançara no rosto durante a sua vida mortal: "Esse Jesus, lhes bradava Pedro em pleno Sinédrio, é a pedra do edifício que desprezastes e que se transformou em pedra angular. E fora dele não há salvação, pois não há no céu outro nome que tenha sido dado aos homens e pelo qual devamos ser remidos."

Os mesmos pontífices e doutores que haviam urdido a trama em que o Filho do Homem se deixara prender recomeçam os conciliábulos secretos por causa d'Ele, que já não está mais entre o povo. É pior, entretanto, do que se estivesse, pois que agora Ele triunfa de seu próprio suplício. Prendem Pedro e João e soltam-nos em seguida; que fazer, aliás, contra essa multidão que só tem uma alma e um coração e onde ninguém chama de seu o que possui, pondo tudo em comum?

Esses primeiros irmãos de uma família incalculável ocupavam como senhores o Pórtico de Salomão, onde o eco das palavras do Senhor vivia ainda. E ninguém ousava juntar-se a eles. Os catres saíram de novo das casas, como nos tempos do Cristo. Os corpos, à luz do dia, ficavam expostos sobre leitos e enxergas. De fato, o Sinédrio podia perguntar o que havia aí mudado; senão que, ao Filho do Homem, para curar os enfermos, fora preciso uma palavra, uma unção, às vezes um pouco de areia e de saliva; agora, porém, bastava a sombra de Pedro passar sobre os doentes; o Cristo invisível não procura mais encobrir a sua divindade. Ele, que não quisera suscitar contra os algozes as legiões angélicas, envia um anjo para abrir a porta da prisão, onde o Sumo Sacerdote tornou a encerrar Pedro e João. E eles continuam a pregar aquela ressurreição do Cristo, desse Cristo de que só o nome bastava para ofuscar os ouvidos dos saduceus, presentes no Sinédrio. Todos os discípulos foram então intimados a comparecer. O Sumo Sacerdote, diante deles, não ousou mencionar o nome da vítima: "Nós vos proibimos, bradou-lhes, de pregar esse nome..." E acrescenta esta palavra tão reveladora da angústia que começava a oprimi-los: "Quereis fazer com que o sangue desse homem recaia sobre nós." Os acusados, no entanto, imperturbáveis, recomeçavam a decifrar, em sua presença, o enigma daquela vida e daquela morte e a demonstrar-lhe que, dessa vez, ele e os seus é que tinham sido os logrados; pois, doravante, seria impossível impedir que, nos séculos dos séculos, fossem eles os príncipes e pontífices a quem o Justo fora entregue, este Justo que aos olhos de muitos não podia deixar de confundir-se com o homem de dor que Isaías vira e descrevera aos judeus cegos e surdos: "O Deus de nossos pais ressuscitou a Jesus que fizestes morrer, deixando-O pendente de um madeiro. Deus O elevou, com sua destra, a Príncipe e Salvador para dar a Israel o arrependimento e o perdão dos pecados..."

Só pela intervenção dum fariseu chamado Gamaliel (e que, como fariseu, acreditava na ressurreição dos mortos), não foram esses discípulos logo arrastados para fora e apedrejados. Gamaliel ressaltou ao Conselho que, se essa obra viesse dos homens, destruir-se-ia por si própria, mas que, se viesse de Deus, não se deveria correr o risco de lutar contra Deus. Nesse risco, os Pontífices da Paixão tinham consciência de já ter terrivelmente incorrido, pois que, apesar do ódio, aceitaram unanimemente o conselho de Gamaliel.

Ora, esse famoso doutor, neto do grande Hilel, tivera, outrora, entre os discípulos que o ouviam com atenção, um adolescente que se chamava Saulo.

Estêvão e Saulo

Saulo, Estêvão: dois nomes inscritos logo no limiar da terceira vida do Cristo, como para fazer-nos sentir desde os primeiros passos o mistério da reversibilidade, graças ao qual Ele estendeu o seu reino. Quase todas as narrativas inventadas pelos literatos são a história da solidão humana. Está no âmago de todos os dramas, sobretudo nos de amor. Todavia, o homem, atento ao segredo da Graça no mundo, descobre, pelo contrário, um universo indivisível de interferências e permutas, um universo sem solidão, onde o próprio pecado forja elos entre os destinos. Em toda vida impregnada de Deus, não há mais encontros indiferentes; muitas vezes, mesmo à revelia dos protagonistas, o zangão que, pesado de pólen, se afasta de um cálice não tem consciência daquilo que vai fecundar. *Etiam peccata,* mesmo os pecados: saturam, como a tempestade, a atmosfera espessa, onde as almas respiram, se buscam, se perdem ou se salvam.

Seu rosto lhes pareceu o de um anjo

"Saulo aprovara o martírio de Estêvão..." É impossível não dar largas ao pensamento diante desse texto perturbador. Saulo, que será amanhã este Paulo abrasado de amor, consentiu que uma cândida criança fosse entregue àquele malta. Fez pior: assistiu a esse apedrejamento selvagem. "As testemunhas depositaram as vestes aos pés de um jovem chamado Saulo..." (As testemunhas lançavam as primeiras pedras). Era necessário, talvez, que Saulo estivesse presente para que o olhar do mártir cruzasse com o seu. Só estava aí para essa troca de olhares, para ouvir o nome de Jesus proferido por essa boca ensanguentada. Quem era Estêvão? Um dos primeiros a quem os Doze impuseram as mãos e que parecia possuído pelo Cristo. Resplandecia de beleza e de força: o mais belo dos filhos dos homens manifestava-se enfim nesse menino de luz e, através dele, multiplicava os milagres como nos dias de sua vida mortal; e com a mesma autoridade, reduzia ao silêncio os adversários do jovem diácono que pontificava em todas as sinagogas, tanto na dos libertos, como na dos cireneus e dos alexandrinos. Mesmo os judeus, chegados da Cilícia e da Ásia, não conseguiram fechar-lhe a boca. Sua morte foi, pois, resolvida como o fora a do seu Senhor; e seus inimigos comuns recorreram à astúcia de que já se tinham servido contra Cristo: subornaram testemunhas falsas. Estêvão, segundo eles, blasfemara contra Moisés e contra Deus; os mesmos escribas e o mesmo povo, que ontem ainda vociferavam por ocasião da morte de Jesus, lançaram-se sobre o discípulo e o arrastaram para o Sinédrio. Como haviam acusado o Senhor de ter predito que destruiria o Templo e o reedificaria em três dias, não precisaram de muito mais para condenar o jovem diácono: o seu crime era ter afirmado que Jesus, o Nazareno, destruiria o Templo. E eis que o autor dos Atos, testemunha talvez dessa cena, fixa-a para sempre: "E como todos os que tomavam parte no Conselho tivessem os olhos cravados em Estêvão, seu rosto lhes pareceu o de um anjo."

Saulo, também, devia estar presente. Que importância tinha para um fanático daqueles esse rosto resplandecente? O discípulo de Gamaliel só era sensível às loucuras que Estêvão pregava, abomináveis a um ouvido judeu: toda a história sagrada desviada de seu sentido tradicional para glorificar um galileu pregado, há alguns meses, na cruz dos escravos! O ódio dilacerava-lhe o coração e fazia-o ranger os dentes como a todos os que ouviam aquele anjo provocar os príncipes dos sacerdotes: "Homens de cabeça dura, gritava Estêvão (com essa veemência quase furiosa que é a maneira característica de Jesus nos Evangelhos, cada vez que enfrenta o eterno Tartufo), incircuncisos de coração e de ouvidos, resistis sempre ao Espírito Santo; assim foram vossos pais, assim sois vós. Qual o profeta que vossos pais não perseguiram? Mataram até mesmo os que anunciavam de antemão a vinda do Justo; e vós, hoje, O traístes e O condenastes à morte." Enquanto o círculo de judeus se estreitava à sua volta, Estêvão levantou os olhos e viu Jesus.

Nesse momento da história humana, quando o Cristo acaba apenas de deixar o mundo, dir-se-ia que Ele ainda se encontra às suas portas, não as fechou após Si. Aproxima-se o dia em que também Saulo ficará envolto por uma luz celeste, na encruzilhada de um caminho; no entanto, ao assistir ao êxtase de Estêvão e ao ouvir o jovem testemunhar perante o Sinédrio: "Eis que vejo os céus abertos e o Filho do Homem de pé à direita de Deus...", seu ódio não deve ter sido menor que o dos outros acusadores, uma vez que joga o mesmo jogo que eles, a ponto de guardar as vestimentas dos algozes enquanto cumprem a sua nefanda tarefa.

Entretanto, foi sem dúvida aí que Saulo teve o primeiro toque da Graça. O autor dos Atos não teria encarecido a sua presença e a parte que tomou no martírio de Estêvão se não visse nisso um elemento de contato entre Saulo e o Cristo. Os carrascos não deviam ter deixado as roupas muito longe do lugar para onde Estêvão fora arrastado. Saulo, mesmo desviando o rosto, não pôde deixar de ouvir a súplica do mártir: "Senhor Jesus, recebei o meu espírito." Não tapava os ouvidos e o Nome odiado penetrava, imprimia-se, a despeito dele, em seu coração. Estêvão falava a alguém que Saulo não via; falava sozinho, mas como se estivesse alguém presente: "Senhor — encontrou ele ainda forças para clamar —, não lhes imputeis esse pecado..." Pensaria o moribundo num deles em particular, no mais encarniçado de todos, neste Saulo que não se rebaixava a fazer esse serviço de bárbaros, mas os instigava, associava-se a eles e ia à frente para preparar outras carnificinas? Não bastava ao Pai conceder ao primeiro mártir, ao primogênito dessa imensa família de imolados, a única coisa que ele ousava pedir: que aquele crime não fosse imputado a seus algozes; do primeiro sangue derramado ia nascer uma graça para os gentios, para cada um de nós, homens do Ocidente, que pertencemos à posteridade de Paulo.

Nesse primeiro diálogo com um dos seus bem-amados, as palavras do Cristo oculto não nos são perceptíveis; só conhecemos as que Estêvão pronuncia. Sobre o seu rosto, porém, como sobre o de um anjo, refletia-se a Face adorável. Muitos séculos mais tarde, num vilarejo da Umbria, em Foligno, o Senhor diria a Santa Ângela: "Eis a graça que te trago: Quero que, apenas por te verem, já sejas útil aos que de ti se aproximam..." "Quem sabe o que estás vendo!", exclamava uma mulher diante de Benedito Labre, em êxtase, de quem também um único olhar bastava para transformar os corações. Se a aparência angélica de Estêvão só suscitara furor em Saulo, é que talvez já lhe fosse preciso resistir a uma sedução estranha. Nada nos vem de fora que já não esteja em nós; e isso é verdade sobretudo em se tratando do Cristo. Ele próprio o disse a Pascal durante a inesquecível Noite. "Não Me procurarias se já não Me tivesses encontrado..." Não será um desconhecido que dentro de poucas semanas, no caminho de Damasco, chamará esse homem de repente; antes mesmo que Saulo lhe tenha indagado o nome, já saberá quem é esse Senhor e terá reconhecido a luz, a voz que habita em seu coração desde que viu a face de Estêvão resplandecer através do sangue.

No ódio que o impele, assim que Estêvão foi enterrado, a perseguir os fiéis até em suas casas e daí arrancá-los, talvez exista como que um protesto contra o que já está gravado no seu íntimo e o obceca, contra este Nome que o mártir pronunciara com tanta veemência e tanto amor. Saulo, aliás, não se deixava levar por nenhuma paixão vil: possuía-o o zelo da casa de Deus, do Deus de Abraão, de Isaac e de Jacó. Era uma piedade profunda que armava o seu braço, uma piedade de judeu, a mesma que outrora impelira Jesus a flagelar os mercadores do Templo e a derrubar-lhes os tabuleiros. De fato, não há nada de desconcertante no que nele se prepara, pois já está do lado de Deus. E mesmo se Jesus não o tivesse fulminado visivelmente com o seu amor... Admirar-nos-emos um dia de ver perseguidores nos precederem no Reino dos Céus. Almas de grande nobreza, nobreza esta que, por vezes, as impede de se submeterem ao Cristo. Não tinham vontade de ceder ao atrativo das consolações, já que não acreditavam, e foi o escrúpulo que as fez dizer "não" até o fim. Tinham talvez, sem o saber, esta fé que leva a não comprar os favores do Deus desconhecido por atitudes e fórmulas a que não aderiam o entendimento e o coração. Essa inflexibilidade, em que há quase sempre uma parte de orgulho, decorre por vezes da honestidade intelectual, da coragem, do pudor... No caso de Saulo, decerto não lhe faltava a fé, pelo contrário, tinha-a em excesso; mas nela extravasavam os arroubos de sua mocidade. Surpreendiam-no, sem dúvida, esses judeus transformados em cordeiros, que se deixavam arrastar para fora de casa; ofereciam a face esquerda e pusilânimes, na aparência, fugiam, se possível, para os campos da Judeia e da Samaria. Propagavam-se, porém, aí como fagulhas, e o fogo se alastrava em toda parte onde se insinuassem esses pretensos covardes. Agora, as chamas envolviam Saulo, cuja violência permanecia impotente. A fraqueza de seus inimigos triunfava em toda parte. Em Jerusalém somente as "colunas" subsistiam e o Sinédrio não ousava enfrentá-las. Contudo, na Samaria, onde talvez ainda vivesse a mulher a quem o Senhor, à beira do poço, dissera ser o Messias, teriam os perseguidos encontrado alguns daqueles que ela persuadira a crer em Jesus de Nazaré. Filipe reunira-se a esse pequeno grupo e, onde estivesse Filipe, tudo acontecia como se o Cristo lá estivesse. À sua passagem, os espíritos impuros saíam dos corpos, soltando gritos selvagens. E até mesmo um mágico, Simão, que se tornaria um dos primeiros heréticos, acreditou no nome do Senhor. Pedro e João por sua vez vieram para impor as mãos nos que tinham sido batizados.

Eu sou o Jesus a quem persegues

Saulo estava por demais prevenido contra os apóstolos e contra todos os que se declaravam a serviço do Nazareno para que humanamente houvesse a menor esperança de sua conversão. Pela primeira vez desde que deixara o mundo, o Senhor vai, pois, manifestar-se pessoalmente e sem intermediários entre Ele e a criatura que escolheu. Agirá, assim, doravante em mais de um destino, menos ostensivamente, mas com igual eficiência. Lá onde os homens nada podem, Ele surge de repente e, no arroubo da impaciência característica dos vencedores que não admitem delongas, corta de pronto as dificuldades e as contradições; basta-Lhe um instante para inverter e destruir tudo o que uma pobre vida, durante anos, opõe à Graça. O Pai nunca teria a última palavra com esse impetuoso que a gentilidade esperava nas trevas se o próprio Filho não tivesse intervindo com uma espécie de pressa, de amorosa sofreguidão. Deixa-o, entretanto, queimar seu último cartucho.

O perseguidor, "respirando ameaças e mortes", obtivera cartas para as sinagogas de Damasco e uma escolta a fim de trazer aprisionados para Jerusalém todos os que nessa cidade proclamavam estar a serviço de Jesus... Contudo, aqui, é preciso seguir passo a passo e versículo por versículo o texto dos Atos: "Como estivesse a caminho e se aproximasse de Damasco, uma luz vinda do céu resplandeceu ao seu redor. Ele caiu por terra e ouviu uma voz que lhe dizia: 'Saulo, Saulo, por que Me persegues?' Ele respondeu: 'Quem sois, Senhor?', e o Senhor disse: 'Sou o Jesus a quem persegues. Ser-te-ia difícil resistir ao aguilhão.' Trêmulo e transido de pavor, ele disse: 'Senhor, que quereis que eu faça?' O Senhor lhe respondeu: 'Levanta-te e entra na cidade; lá te dirão o que deves fazer...' Os homens que o acompanhavam ficaram estupefatos, pois ouviam a voz, mas não viam ninguém. Saulo ergueu-se, e ainda que seus olhos estivessem abertos, nada enxergava; tomaram-no pela mão e o conduziram a Damasco; aí esteve três dias sem ver, e não comia nem bebia. Ora, havia em Damasco um discípulo de nome Ananias. O Senhor lhe disse numa visão: 'Ananias?' Ele respondeu: 'Aqui me tendes, Senhor.' E o Senhor lhe ordenou: 'Levanta-te, vai à rua que chamam a Direita e procura na casa de Judas um homem, cujo nome é Saulo de Tarso; pois ele está em orações e teve a visão de um homem de nome Ananias que entrava e lhe impunha as mãos para que recuperasse a vista.' Ananias respondeu: 'Senhor, soube por várias pessoas todo o mal que esse homem fez a vossos santos em Jerusalém. E ele tem aqui uma ordem do príncipe dos sacerdotes para pôr grilhões em todos os que invocam o vosso nome.' Mas o Senhor lhe disse: 'Vai, porque esse homem é um instrumento que escolhi para espalhar o meu nome pelas nações, diante dos reis e dos filhos de Israel; e mostrar-lhe-ei o que deves sofrer pelo meu nome.'"

Tudo se passou como fora predito a Ananias; as escamas caíram dos olhos de Saulo e ele foi imediatamente batizado. Depois de passar alguns dias com os discípulos de Damasco, começou a pregar nas sinagogas que Jesus é o filho de Deus; e os judeus o escutavam, assombrados. Procuraram matá-lo e puseram guardas às portas da cidade, dia e noite, para que ele não pudesse sair de Damasco. Os discípulos, às escondidas, fizeram-no descer, num cesto, do alto das muralhas fortificadas.

Saulo, que agora se chamava Paulo, voltou a Jerusalém. Ao vê-lo, porém, os fiéis se punham em fuga. É que ele não se parecia com Estêvão: seu rosto não era o de um anjo; o Cristo não resplandecia através do seu corpo; o seu aspecto metia medo. Foi a sua primeira provação: ele, que queria conquistar as almas para o seu Bem-amado, punha-as em fuga à sua simples aproximação. Sofria e chorava, não conhecendo os desígnios que o Mestre tinha sobre a sua pessoa; era preciso que a vida em Jerusalém se lhe tornasse insustentável e a necessidade o obrigasse a deixar a cidade santa. Alhures, outras ovelhas o esperavam. Teve disso confirmação, pela própria boca de Jesus, num dia em que rezava no Templo. Dessa vez, nenhuma luz veio do céu, e Aquele que lhe falava não precisou dar o nome para se fazer conhecer. "Fui arrebatado em espírito...", disse São Paulo. Que adiantaria comentar esse transporte? Ele viu e ouviu o Senhor nesse mesmo Templo em que Jesus ensinara e orara pouco antes. Era, porém, de dentro dele que subia essa voz: "Apressa-te e sai o quanto antes de Jerusalém, porque aí não receberão o testemunho que darás de Mim." "'Senhor', respondi eu, 'eles próprios sabem que nas sinagogas eu mandava prender e açoitar os que acreditavam em Vós, e que eu estava presente quando o sangue de Estêvão, vossa testemunha, foi derramado, aliando minha aprovação à dos outros e guardando as vestimentas dos que o apedrejavam.' Então, Ele me disse: 'Vai, é para as nações distantes que te quero enviar.'"

Para as nações longínquas... Essa missão diz respeito a cada um de nós em particular, homens do Ocidente. Não há assim tantas gerações entre nós e os nossos antepassados, romanos, iberos, que receberam a palavra de Paulo ou dos seus discípulos. As lutas que Paulo teve de sustentar contra os cristãos judaizantes mostram até que ponto ele foi, desde o início, o arauto do Cristo interior, d'Aquele de quem procuramos aqui descobrir as pegadas. E os irmãos de Jerusalém, mesmo quando já não puderam mais duvidar de que Saulo, o perseguidor, se convertera ao cristianismo, mantiveram-se na oposição e chegaram a pô-lo em contradição com Tiago, o irmão do Senhor, e até com Pedro.

O aguilhão na carne

O combate que, durante três anos, o Filho do Homem empreendera contra a letra que mata, em nome do Espírito que vivifica, ia adquirir agora a sua significação. Este Paulo que não vivia mais senão da vida do Cristo ("Não sou eu mais que vivo...") lutaria doravante para dilatar, até os confins do Império Romano, as fronteiras do Reino que se acha dentro de nós. Abriu caminho para o Cristo interior que, no seio da Igreja nascente, tinha como adversários mais perigosos certos judeus apegados a uma observância estrita, obstinados na ideia de exigir a circuncisão aos pagãos batizados. No redil em que Paulo não pudera proibir a entrada desses judeus, eles chegavam a obrigar os novos cristãos a comer à parte, com a aprovação de Tiago, e de Pedro também.

A esses recém-vindos, cujo número crescente reduzirá rapidamente a influência da primeira Igreja judaizante de Jerusalém, Paulo ensina terem pouco valor a lei, as observâncias, tudo o que os desvia das relações pessoais com o Senhor. Não lhes dissimula os segredos de sua própria vida no Cristo, com quem está de tal maneira unido que não subsiste mais, entre o servidor e o Mestre, o intervalo necessário para que se reinicie o diálogo do caminho de Damasco. Paulo glorificava-se de ostentar no próprio corpo os sinais de Jesus crucificado. Esse judeu franzino tinha em sua carne o que ele próprio chama um aguilhão e sobre o qual só podemos fazer conjeturas: quem seria "esse anjo de Satanás que o esbofeteava"? Talvez uma humilhação atroz, tanto física como espiritual, pois que diante dela esse amante da cruz desfalece e implora que se afaste. "Minha graça te basta, respondera-lhe a voz dentro dele, *pois minha força se revela na fraqueza...*" Palavra prodigiosa, tão autêntica quanto qualquer uma dos Evangelhos e que, por essa divinização da fraqueza, ergue diante do mundo a pedra de escândalo contra a qual Nietzsche, depois de tantos outros grandes espíritos, veio esboroar-se.

A força que Paulo recebera do Senhor era de transmudar toda miséria em cruz redentora: fosse qual fosse esse aguilhão, sabemos por sua própria boca até que ponto chegou a sua semelhança com o Cristo: "Dos judeus, recebi quarenta chicotadas, menos uma. Fui três vezes açoitado..."

Não será somente a paixão de seu Deus que ele viverá etapa por etapa; acrescentará a ela o que havia sofrido o primeiro mártir de quem fora um dos algozes: "Fui, uma vez, apedrejado..." E isso sem levar em conta os mil perigos enfrentados no decorrer de suas viagens, a fome, o frio, as traições; mas o Cristo desposava nele a miséria incalculável dos seus: "Quem é fraco sem que Eu o seja também? Quem é vítima do escândalo sem que um fogo me devore?"

Todas essas cruzes ele as carregou com uma alegria que nos seria incompreensível se não conhecêssemos as razões que tinha para crer no Cristo. Como se a voz escutada no caminho de Damasco não tivesse sido suficiente, o Mestre interior se manifestou de novo, não dentro dele, dessa vez, mas arrastou Paulo, no sentido rigoroso da palavra, para fora de si mesmo. Confessou o apóstolo essa graça aos fiéis de Corinto catorze anos depois de a ter recebido (mais ou menos no ano 42, no início do seu ministério, quando, com Barnabé, partiu de Tarso para evangelizar a Antioquia): "Conheço alguém — diz referindo-se a si mesmo — que foi transportado até o terceiro céu. Sei que esse homem (com seu corpo ou sem ele, não sei, sabe-o Deus) foi levado ao paraíso. Aí ouviu palavras inefáveis que a um mortal não é permitido repetir."

A constância de Paulo seria inimaginável como, enquanto durarem as perseguições, sê-lo-á também a de milhares de mártires — entre eles tantas virgens, adolescentes, escravos — sem a evidência que sentiram de que seu Senhor e seu Deus estava aí presente, ao mesmo tempo neles, em torno deles, sobre suas cabeças, certeza essa que não teriam se não estivessem mergulhados, como que imersos n'Ele. A presença de Jesus invisível, eis a explicação que monsenhor Duchesne, historiador que nada tem de visionário, encontra para o triunfo de uma doutrina rigorosa, perseguida e odiada como o foi o cristianismo no início: "De certo modo", escreve ele, "Jesus estava presente. Vivia pela Eucaristia entre os seus fiéis e neles. E estes possuíam ainda, nas maravilhas dos carismas, profecias, visões, êxtases, curas miraculosas, como que um segundo contato com a invisível divindade. Tudo isso acarretava nos grupos cristãos e nos indivíduos uma tensão religiosa, um entusiasmo, cuja influência deve ser considerada como um dos mais poderosos meios de conversão..."

Deve-se acrescentar a isso a obsessão da volta iminente de Jesus, a persuasão em que viviam todos de que o Filho do Homem estava prestes a chegar, que ia surgir como um ladrão.

Não tinham dúvidas de que o Cristo que estava dentro deles ia reaparecer de um dia para outro e se manifestar à humanidade inteira. Afigurava-se fácil a muitos a renúncia a um mundo condenado, cuja execução parecia tão próxima.

Homens iguais a nós

Não pensemos, todavia, que esses primeiros cristãos fossem homens de uma espécie diferente da nossa e de uma vida espiritual essencialmente diversa. Na realidade, esses irmãos dos tempos heroicos assemelham-se mais a nós do que imaginamos. Num ponto muito importante, nossa condição se aproxima da deles. Hoje, na medida em que o mundo se descristianiza e volta sob formas novas às velhas idolatrias da cidade, da raça e do sangue, o cristão autêntico não está menos isolado na sociedade moderna do que o estiveram os primeiros cristãos sob o império dos césares, e muitos não opunham uma resistência maior que a nossa contra esta corrupção que os envolvia por todos os lados. A força do hábito nos impede de sentir essa contradição entre a Cruz e um mundo, depois de tantos séculos, tão irredutível como o era quando os primeiros discípulos começaram a enfrentar o paganismo.

Para os cristãos desses tempos heroicos, a questão única a resolver era a mesma que se impõe a seus irmãos de hoje: perseverar na fé no meio de um mundo sem fé, permanecer puros numa sociedade entregue a todas as concupiscências. O próprio Paulo reconhece não ser possível exigir que os fiéis abandonem todo comércio com os impudicos do mundo, pois, disse ele: "Seria o mesmo que sair do mundo." Como respirar, porém, sem ser por ela impregnado, a atmosfera que reinava então e reina ainda hoje nas grandes cidades do Ocidente e do Oriente Próximo?

Nessa luta dos seus discípulos, o Cristo invisível não intervinha mais diretamente do que o faz hoje, como provam os abusos denunciados por São Paulo. Não só os pecados comuns, mas os piores escândalos desonram as Igrejas nascentes: "Só se ouve falar, entre vós, de impudicícia", escreve ele aos coríntios, "e de uma impudicícia tal como não existe mesmo entre os pagãos..." Era ao incesto que ele se referia. E lembrava-lhes a propósito que "os impudicos, os idólatras, os adúlteros, os efeminados, os que praticam a sodomia, os ladrões, os cúpidos, os bêbados, os caluniadores, os peculatários não herdarão o Reino de Deus".

Mesmo quando se inicia a era das perseguições, é preciso que não imaginemos uma humanidade sobre-humana, voltada inteiramente para o dom total. A ideia que fazemos dessas épocas assinaladas por tantos mártires é a mesma que certos leigos têm dos claustros, que acreditam são povoados apenas por santos e santas. Na realidade, o Deus deles era este mesmo Deus que não se impõe a alma alguma e que, fazendo suas delícias do amor, deseja de nossa parte uma escolha livremente consentida. Os *Polyeucte* do século II tinham sempre liberdade para recuar. Jesus não constrangia ninguém; e essa primitiva Igreja sofredora, posta à margem do império, e sobre quem pairava uma ameaça terrível, conhecia todos os demônios que nos atormentam ainda.

O livro de Hermas conhecido sob o título de *Pastor de Hermas,* escrito na primeira metade do século II, dá-nos um testemunho da época. Hermas, cristão de Roma, irmão do Papa Pio, mostra-se bastante preocupado com a reforma moral dessa sociedade cristã que nos aparece de longe, sob a aura resplandecente do sangue dos mártires. Inegavelmente, os dois imperadores Trajano e Adriano mostraram-se menos ferozes que outros césares, mas o risco continuava grande para os cristãos. Não era rara entre eles a apostasia, a blasfêmia, a negação pública. Houve mesmo mártires que hesitaram, fraquejaram antes de anuírem ao sacrifício supremo. Muitos fiéis, como acontece ainda hoje a inúmeros convertidos, depois do entusiasmo dos primeiros dias, cediam de novo ao espírito do mundo. Entre eles, eram frequentes os escândalos da carne e também a perda da fé. A facilidade da confissão e da absolvição não existia naquela época. Se bem que Hermas desaprovasse os que negavam ser possível conseguir, depois do batismo, o perdão dos próprios pecados, é certo que, no século II, as faltas graves tinham no destino dos pecadores uma repercussão muito maior que a de hoje.

No século seguinte, quando um édito do imperador Décio proibiu, sob pena de morte, a circuncisão e a administração do batismo, Dionísio de Alexandria conta que a defecção foi universal. "Personagens de renome, em grande número, apresentaram-se espontaneamente... Chamados pelos nomes e convidados a oferecer um sacrifício, avançavam, quase todos lívidos e trêmulos... A multidão, reunida para assistir a esse espetáculo, ridicularizava-os; todos percebiam que eram covardes, tão tímidos diante do sacrifício como da morte. Alguns mostraram mais segurança: corriam até os altares, afirmando que jamais haviam sido cristãos..." Outros deixavam-se prender, mas abjuravam diante do tribunal ou eram vencidos pela tortura. Isso aconteceu em Cartago, em Roma, em Alexandria. O bispo de Esmirna abjurou com um grande número de fiéis.

Para esses irmãos tão próximos do Cristo no tempo, tudo se resume, assim como para os cristãos de hoje, na perseverança. Quaisquer que tenham sido as provações sofridas, seu Deus não era diferente d'Aquele que as almas de hoje conhecem e cujo silêncio e cuja ausência desolam os que se fiaram excessivamente nas manifestações sensíveis da Graça. Para eles, como para nós, era preciso não renegar na hora das trevas o que nos fora revelado em plena luz. É esse, na realidade, o velho drama cristão. Quantos jovens deram tudo, ligaram-se por votos solenes a um Deus que, durante o resto da vida, só puderam alcançar na obscuridade de uma fé sem consolações sensíveis! Foi assim que procedeu esse Cristo invisível, se ouso assim dizer, desde o início de seu trabalho no coração da humanidade. Está no âmago de cada destino cristão. A sua presença se manifesta em certas horas e a algumas pessoas, com tal intensidade, que lhes parece não ser demais uma vida inteira para servi-Lo e amá-Lo. E depois as portas se fecham: resta um caminho até a morte, repleto de obrigações, um caminho nas trevas, sem o socorro de um carinho, na opacidade de um mundo entregue a todas as delícias. Quantos mártires não viram, como Estêvão, os céus abertos! Muitos, talvez, cediam à impaciência de empurrar o batente da porta, para ir ao encontro do seu Deus oculto.

V

A IMITAÇÃO DOS ALGOZES DE JESUS CRISTO

O Cristo ter sido um homem e ser um homem é uma verdade que, na medida em que os homens a aceitaram e nela creram, deveria ter ocasionado uma cisão na história da ferocidade humana. E houve, sem dúvida, uma mudança. A Encarnação, realmente, dividiu a História. O escravo tornou-se, pelo Cristo, o irmão de seu senhor. A visão desse fato é consoladora para o espírito, sobretudo se lhe opusermos, conforme costumamos fazê-lo, a evidência, baseada no exemplo dos regimes totalitários, de que um povo se desumaniza à medida que se descristianiza. Esse pensamento deve também confortar e tranquilizar o cristão.

Não procuramos, porém, reconfortar-nos nem tranquilizar-nos. O que importa não é o que, a nosso ver, deveria ter sido, mas o que foi e o que é. Cremos no acréscimo de dignidade que o homem, criado à imagem e semelhança do Pai, recebeu, e recebeu de maneira peculiar, em seu corpo, em sua carne, em seu coração de carne por esse insondável mistério do Deus feito homem, do Verbo de Deus que se tornou um de nós. É inegável que a Boa-nova o foi primeiro e sobretudo para os escravos e as raças menosprezadas: se procurarmos uma razão humana para a fulminante propagação do cristianismo através do império, essa será, sem dúvida, a súbita dignidade de que foram revestidos os escravos e os judeus, a promoção inesperada que os beneficiou, porque o Cristo quisera ser, fora e seria um deles até o fim dos tempos, até este juízo final onde se confundiria com eles diante da terra e do céu: "Tive fome e Me destes de comer, estava preso e Me visitastes... Foi a Mim mesmo que o fizestes." Era ele esse prisioneiro, esse "sem trabalho". Através de todas as hagiografias, desde que há santos que imitam o Senhor, corre a lenda do pobre que, certa noite, bate à porta e é recebido ou mandado embora, e que era o Cristo.

Todavia, não é a lenda que nos interessa, mas a história. Trataram os homens menos cruelmente os seus semelhantes desde o dia em que creram no Verbo Encarnado? Um ilustre jesuíta, recentemente, do alto do púlpito, caçoava dos ingênuos de minha espécie que aprendem a História com os poetas. Aprendo-a também, não se zangue com isso o reverendo padre, nas memórias e cartas dos homens que massacram e queimam vivos outros homens e cometeram esses crimes, apesar de terem sempre feito profissão de crer que o Cristo, também Ele, fora um homem.

É este o problema: terá sido a era cristã assinalada pelo respeito do homem enquanto carne sofredora, capaz de suportar muito sofrimento, um espírito sobre o qual é possível agir, uma consciência sobre a qual se pode triunfar torturando o corpo? Simone Weil viveu toda a sua vida obcecada pelos milhões de escravos crucificados antes do Cristo, por esta floresta imensa de madeiros, onde tantos precursores foram pregados, de quem nenhum centurião prestou testemunho depois de lhes ter ouvido o último grito. Obcecam-me a mim, muito mais, todas as cruzes que não cessaram de ser erigidas depois do Cristo, por esta cristandade cega e surda que, nos pobres corpos que submete à tortura, jamais reconhece Aquele cujos pés e mãos traspassados beija tão devotamente nas Sextas-feiras Santas.

Por que essa identidade, que o próprio Senhor reivindica em termos que é impossível a alguém não entender, só foi apreendida pelos santos, ou pelos cristãos, inúmeros certamente, que propendem para a santidade, e não o foi, no entanto, pelos povos cristãos? Citando, apenas, um exemplo, foi como arauto do Cristo que a Espanha conquistou o Novo Mundo, para evangelizá-lo. Como se explica então que ela tenha exterminado várias raças com a pior das ferocidades, aquela que o lucro desencadeia? Como se explica que nos escandalizemos tão pouco com essa história dos conquistadores? E se falo da Espanha, não esqueço o argueiro dos meus olhos de francês. E também não me esqueço do bem que se fez por nosso intermédio, mesmo sem levar em consideração o apostolado missionário: terras desbravadas, minas exploradas, aparelhamento de portos, estradas de ferro, rodovias, e sobretudo hospitais, ambulatórios, escolas, o que foi suscitar em toda parte interlocutores tão maliciosos como nós e cuja inimizade, tanto no passado como nos dias de hoje, nos empenhamos em despertar. A industrialização, no entanto, criou a proletarização, duas palavras horríveis para exprimir duas coisas horrendas, origem de uma miséria talvez pior que aquela que os nossos missionários, nossos educadores, nossos médicos fizeram recuar.

O Cristo, também Ele, é um homem. Por que teve esse fato tão poucas consequências e não mudou em nada o comportamento dos homens batizados? Através de toda a história cristã persiste um sentimento de desprezo invencível em relação às raças menos evoluídas ou odiadas por toda espécie de razões. Após a vinda do Cristo, a relação histórica entre dominadores e dominados não mudou de maneira sensível, embora, por razões econômicas, não tenha piorado na proporção em que esse acréscimo de poder, trazido pela libertação cristã ao homem do Ocidente, foi por ele utilizado para dominar aqueles que não tinham recebido a luz. As riquezas naturais que os povos primitivos detinham, sem o saber, desencadearam e desencadeiam, nas nações cristãs, uma cobiça, que para se saciar derramou e derrama ainda muito sangue. Esse domínio perpetuou-se através de tais processos que, no decorrer da História, eles testemunham não ser a imitação de Jesus Cristo, mas a dos algozes de Jesus Cristo, que se tornou muitas vezes a norma de conduta do Ocidente cristão.

Simulamos acreditar que esse mal secular era uma doença adquirida recentemente. Simulamos crer que o nazismo envenenara os povos, por ele subjugados, e que, se a tortura praticamente se restabelecera em nosso país, é preciso ver nessa infelicidade uma sequela da Ocupação e admitir que a Gestapo contaminara as suas vítimas. De fato, eis a realidade: o que outrora era mais ou menos clandestino entrou atualmente nos hábitos policiais. É o mesmo que se dá em relação à pornografia:

o que se vendia em outros tempos às escondidas exibe-se hoje ostensivamente. Também, nos nossos dias, emprega-se a tortura, às claras.

Sem dúvida, é indiscutível que a Gestapo, depois da GPU, fez escola e contribuiu para o aperfeiçoamento da arte de fazer sofrer. A eletricidade, aplicada a determinados lugares do corpo humano, dá resultados que não teria conseguido a aparelhagem mais complicada e dispendiosa do tempo em que o bondoso rei Luís XVI não tinha ainda proscrito a tortura. É admirável o que se obtém hoje com uma simples banheira, com menos ainda: um cigarro aceso, em certos casos, fez maravilhas. A flagelação, a coroação de espinhos, o manto de escárnio não visavam a obter confissões, mas, no espírito de Pilatos, a dar a esse homem, que se dizia o Filho de Deus, um aspecto tão miserável que talvez a multidão e os seus próprios inimigos d'Ele viessem a compadecer-se. Hoje, quando atamos um homem a um poste, numa sala da polícia — digo "nós" porque estamos numa democracia e nesse ponto somos todos solidários —, não temos nenhum desejo de inspirar compaixão a alguém.

E sem dúvida para tudo isso há uma razão, uma escusa e por vezes uma justificativa. Uma terrível engrenagem nos esmaga. Quaisquer que sejam as razões e as escusas, após dezenove séculos de cristianismo, o Cristo, aos olhos dos algozes da atualidade, nunca transparece no supliciado, a Santa Face não se revela na fisionomia deste árabe que o comissário esbordoa. Como é estranho que eles não pensem nunca, sobretudo diante de um desses rostos sombrios de traços semíticos, em seu Deus amarrado à coluna e entregue à turba, que não ouçam através dos gritos e gemidos da vítima a sua voz adorada: "É a Mim que o fazeis!" Essa voz que ressoará um dia, e não será mais suplicante, que lhes bradará e nos bradará a todos nós que aceitamos e talvez tenhamos aprovado esses atos: "Eu era aquele jovem que amava a sua pátria e lutava por seu rei. Era aquele irmão que querias obrigar a trair ao próprio irmão." Por que razão essa graça jamais é concedida a um algoz batizado? Por que motivo os soldados da coorte não largam por vezes o açoite da flagelação para cair de joelhos aos pés daquele que flagelam?

Em que momento da História as nações cristãs provaram lembrar-se de que o Cristo fora um homem torturado em seu corpo? E elas não têm desculpa, porque sempre houve, em cada geração, um Francisco de Assis ou um Vicente de Paulo para recordá-lo, não por palavras, mas por uma vida sacrificada. Os santos, contudo, não desviaram o curso da História. Agiram sobre os corações e os espíritos, mas a História permaneceu criminosa.

Mesmo a escravidão não deixou de existir. Os negros da América são as testemunhas terrivelmente incômodas do tráfico que enriqueceu muita gente boa do tempo antigo, muita gente boa da nossa terra, natural de Saint Malo, Bordéus ou Nantes. Não é muito tranquilizador ter nascido num porto e ter talvez antepassados que navegaram e armaram navios, pois o marfim e as especiarias não constituíam o quinhão mais importante de sua carga. Creio que o pai de Chateaubriand devia ao tráfico ilícito uma parte de sua riqueza. Sim, o contrabando deu origem a grandes fortunas, e é uma destas coisas que nos fazem estremecer.

Consideremos de mais perto este homem que foi o Cristo. Quem era Ele? Pois não se trata do homem com letra maiúscula, do homem em si, desligado de toda característica étnica, ou que pelo menos só veio a sê-lo lentamente. O Filho do Homem, em sua beleza, em sua doçura e em sua força, emergiu de um meio muito obscuro. Foi, de início, um homem entre os homens, numa determinada época da História, fazendo parte de um meio definido. Poderia ter sido rico ou pobre, preferiu ser pobre. Poderia ter pertencido à raça dos senhores, dos poderosos de seu tempo: os romanos. Preferiu nascer judeu, operário judeu. Como reagiram as gerações cristãs a esses dois caracteres da personalidade humana do Cristo?

Apodera-se de nós, às vezes, dando-nos quase a sensação de vertigem, o pavor de que toda a nossa piedade, a que nos foi ensinada no colégio onde fizemos uma primeira comunhão tão fervorosa, a que praticava nossa mãe nessas casas do interior perfumadas pelo odor dos bons quitutes, sob as árvores seculares, na época das férias de verão, de que todo esse fervor, de que todo esse amor se refira a um Cristo refeito à nossa imagem e semelhança, à imagem e semelhança de nosso meio social, tão distante do que esse homem foi realmente, como o éramos do taifeiro ao lado do qual hesitávamos antes de sentar-nos no trem ou de um destes judeus das feiras, em Bordéus, cujas descomposturas, quando colegial, gostávamos de provocar, exasperando-o com as imitações de uma orelha de porco, feita com a ponta dobrada de nossa pelerine.

Não que ache necessário ver apenas no Cristo ressuscitado o operário que Ele foi e tudo reconstruir a partir desse ponto, como se pretende hoje. Se há uma verdade que se evidencia nos Evangelhos, é que o Senhor não tinha preferência por pessoas. Se Zaqueu, trepado em seu sicômoro, se tivesse chamado Rothschild, Ele teria dito do mesmo modo: "Rothschild, quero hoje jantar em tua casa." Não é certo que um ajudante de mecânico ou um operário de esgotos, pelo fato de exercerem esta profissão, tenham, aos olhos de Deus, mais merecimento que um embaixador, um acadêmico, um sócio do Jóquei Clube. O Filho do Homem poderia ter chamado da mesma maneira um policial e este O teria seguido. Antes e depois da Paixão encontramos um centurião que a Graça do Cristo recupera e faz resplandecer para todo o sempre: aquele que nos mostrou como devemos receber o Senhor quando vem a nós, aquele que nos soprou as palavras que precisamos dizer nesse momento, que nos ensinou o gesto de bater no peito, e este outro centurião que o derradeiro brado misterioso desengana de súbito e recebe a graça de reconhecer, nesse supliciado coberto de escarros, de sangue e de pus, o Salvador do mundo, o Filho de Deus. Centurião, portageiro, ou doutor da lei, não, o Cristo não faz distinção de pessoas, e a classe operária, se pode ser a preferida, não deve ser deificada. Contudo, o Senhor foi esse operário e esse pobre. Que lugar ocuparam os operários, que lugar ocupam ainda na sociedade cristã?

E Ele foi esse judeu. Foram muitas as causas que concorreram para o antissemitismo nas nações cristãs, principalmente entre os católicos, e o instinto profundo do ódio nesse caso se fortalece com as desculpas que a História lhe fornece. Quaisquer que sejam essas desculpas, o fato de ter sido o Cristo um menino judeu, um adolescente judeu, um homem judeu, que sua mãe se tenha parecido com esta meninazinha judia, talvez nossa conhecida, isso não pesou, ou pesou muito pouco para contrabalançar um rancor que veio aumentando de século em século até o nosso, até os fornos crematórios da nossa época: foram o seu nefando remate. Crianças judias que numa manhã sombria da Ocupação minha mulher viu na estação de Austerlitz, amontoadas em vagões de mercadorias, vigiadas por policiais franceses, ficareis para sempre presentes em meu coração e em meu pensamento.

Aqui, e porque a repugnância nos amarga a boca, detenhamo-nos em uma outra lição, proposta pela visão do Cristo feito homem, do Cristo que foi um homem. Há uma tentação perigosa em certas horas e quando se viveu muito: a do desprezo. Já passamos por tanta coisa! De fato, nada mais se pode esperar, pensamos nessas horas, deste ser velhaco, rancoroso, mas sobretudo cúpido, que só procura o próprio interesse e o gozo de uma riqueza, provinda, não raro, da exploração de toda uma classe e do envenenamento de toda uma raça; nada a fazer, repetimo-nos, diante desta criatura hipócrita que dissimula sob nomes pomposos e sob sentimentos nobres, sobretudo sob o nome da pátria, as paixões mais vis. É a desculpa dos regimes totalitários: todas as tiranias se baseiam no desprezo do homem.

Quando essa tentação do desprezo nos assalta, é então que convém lembrar-nos de que o Senhor foi um homem como nós e nos amou. Se foi um de nós, é porque o homem, por mais miserável que seja, é capaz de Deus. E, uma vez que o Senhor pertenceu carnalmente à humanidade, não devemos nunca desesperar dessa humanidade santificada e glorificada n'Ele, e se nos amou é porque somos dignos de ser amados, apesar de tantos crimes.

O Senhor, depois do seu suplício, não amou os homens menos do que os amava antes de ter sofrido por eles o que sofreu — pelo contrário. O Cristo ressuscitado demonstra a seus amigos uma doçura e um carinho maior do que antes da Paixão. As palavras ásperas contra a raça de víboras, contra os doutores hipócritas, as que maldizem Cafarnaum, Corazim e Betsaida, não as escutamos mais na boca do desconhecido que acompanha, à tardinha, pelo caminho de Emaús, dois pobres homens acabrunhados de tristeza. E eis que se acende no íntimo dos seus corações, enquanto o Mestre fala, este fogo que comunicarão a outros e não se extinguirá mais. Esse Jesus sai vivo dum inferno de sofrimento. Atravessou todas as torturas que os algozes de todos os tempos infligiram e infligem ainda com mais covardia, se é que se pode dizer, que ferocidade — pois a vítima está sempre presa, está sempre sem defesa, está sempre como um cordeiro que se degola —, e entretanto ei-Lo que caminha ao lado de Cléofas e do companheiro de Cléofas e lhes explica as Escrituras com a mesma boa vontade com que um vigário ou um padre de subúrbio, depois de um dia trabalhoso, explica o catecismo a duas crianças. Sai do sepulcro, mas sai também da irrisão e da ignomínia dos ultrajes. Aquele cuja voz é reconhecida por uma inflexão de inefável ternura quando diz "Maria!" à santa mulher que O procura. Mostra as chagas a Tomé Dídimo, não para envergonhá-lo por pertencer a uma raça de assassinos, mas para que Tomé nelas ponha os dedos e através da ferida aberta pela lança sinta pulsar o coração e Ele arranque enfim ao incrédulo o grito de adoração que as gerações fiéis foram transmitindo até nós: "Meu Senhor e meu Deus!"

Não, não cedamos jamais à tentação de desprezar uma humanidade de que o Filho de Deus não somente revestiu a carne e assumiu a natureza, mas também consagrou por seu amor. E, se não devemos ceder à tentação de desprezar os outros, não devemos tampouco ceder à tentação de nos desprezar a nós mesmos.

Na verdade, quando nos conhecemos, é preciso ir até o horror, como dizia Bossuet. Não obstante, há nisso um risco para muitas almas, porque pode advir o pior, se esse pior é o desespero. Quantos rapazes, quantas moças, depois de lutarem durante muito tempo, descartaram-se de um amor de que não se sentiam mais dignos. As lições que os meninos católicos de minha geração receberam expunham-nos sobremaneira a esse perigo. Relembravam continuamente, durante os retiros, a horrível frase de Branca de Castela a São Luís: "Preferia ela vê-lo morto a seus pés a sabê-lo culpado de um único pecado mortal." O paralítico prostrado aos pés do Senhor estava por certo carregado de todas as culpas de uma pobre vida de homem. O Senhor as vê, tem-nas sob o seu terno olhar, e nem ao menos interroga, não se indigna. Diz apenas uma palavra: "Teus pecados te são perdoados."

É muito pouco dizer que Ele, que viera procurar e salvar o que estava perdido, não nos despreza por causa dos nossos pecados. Assumiu tudo da natureza humana menos o pecado, e, no entanto, é o pecado que mantém o elo entre Ele e nós. Ele veio para este pródigo que dissipou vilmente o seu patrimônio, comendo e bebendo com mulheres públicas; Ele veio para aquela adúltera e para esta cortesã. Não ousarei afirmar que é isso o que Ele ama em nós, pois é o nosso arrependimento que Ele ama e ao pecado que odeia, mas foi para o pecado que Ele veio e é muitas vezes por essa chaga escondida, por essa brecha no mais íntimo do ser, que ele abre caminho através de um pobre coração.

Dir-se-ia que essa capacidade que temos de nos aviltar ressalta a seus olhos a incomparável grandeza da alma humana. Creio que há mais do que compaixão, há um sentimento que se assemelha ao respeito, na palavra com que se dirige à mulher surpreendida em adultério: "Eu também não te condenarei", como se o olhar de Deus discernisse nas piores ligações um germe impalpável do eterno amor. Com que tom se dirige àquela pecadora de Samarra, provavelmente malvista entre os seus, com quem talvez as mulheres virtuosas não falassem. Não, não cederemos ao desprezo de nós mesmos. Não creremos nunca que não pode mais haver perdão para nós. Esta carne de que nos envergonhamos tanto por vezes, e que não cessa de humilhar-nos, foi ela, no entanto, que fez de cada um de nós o irmão do Senhor.

O Cristo também foi um homem. Mas Ele o é ainda, e sempre. É ainda, é sempre alguém vivo, cuja fisionomia conhecemos e a quem falamos, e que nos fala. Esta união do cristão mais humilde, quando em estado de graça, com o Verbo encarnado escapa a qualquer comentário. Pois aqui não é a contemplação dos santos, mas esta familiaridade cotidiana que não deixa, sem dúvida, de apresentar certos perigos, sem todos os riscos da rotina, da pieguice e da falsa piedade. Não importa! Nós, católicos, estamos de tal maneira acostumados que precisamos conviver com nossos amigos islamitas para compreender o que é a solidão do crente diante do Ser infinito, fora da Encarnação, e o que significa para nós, em nossa vida, a fé neste Deus que é nosso irmão, neste homem que é nosso Deus.

Maravilha inexplicável: tantos são os católicos fervorosos existentes no mundo quantos os segredos incomunicáveis, que transcendem as palavras. Excluo os santos, cuja vocação, embora contra a sua própria vontade, é de se manifestarem, aos olhos dos homens; os cristãos comuns, porém, se calam e morrem com o seu segredo.

Nem sempre: o Senhor quis, algumas vezes, que fosse conhecido um desses inúmeros diálogos que mantém com as almas fiéis. Foi o que aconteceu a um deles. No dia 23 de novembro de 1694, desde cerca de dez e meia da noite até meia-noite e meia, Blaise Pascal viu esse fogo ou sentiu-o arder no seu íntimo, ao mesmo tempo que se apoderavam dele a certeza, a paz, a renúncia total e suave, as lágrimas de alegria.

O documento que comprova esse fato, ele o conservava oculto e se, depois de sua morte, um serviçal não o tivesse descoberto no forro do casaco, nunca teríamos tomado conhecimento da graça que cumulou naquela noite um dos maiores espíritos que já existiram e que pelas humilhações soubera oferecer-se à inspiração divina.

Ajuda-nos a compreender a significação que tem para nós o fato de o Cristo ter sido também Ele um homem e de perdurar ainda a sua agonia e de não devermos nós dormir enquanto o Filho do Homem vela e sofre: a vigília, o sono, a agonia, a morte, todos esses estados da condição humana, nosso Deus os partilha conosco porque foi também Ele um homem, mas um homem de inúmeras presenças, uma vez que é Deus. Presente primeiro no seio da Igreja, o Filho do Homem está também pela sua graça no íntimo das almas, como se encontra no Sacramento do Altar ou quando nos reunimos dois ou três em seu nome, como está em cada um de nossos irmãos. Nenhum encontro onde não seja Ele com quem deparemos, nenhuma solidão em que Ele não chegue até nós, nenhum silêncio em que não ressoe a sua voz, que, em vez de perturbar, aprofunda o silêncio.

Que graça! Graça, porém, que não temos o direito de guardar só para nós. Não imitemos a este Nicodemos que só conversava com o Senhor às escondidas e à noite. A nossa vida culta com o Cristo deve acordar com a do cidadão que somos. Não podemos, em nome de César, aprovar ou praticar, na nossa vida pública, o que o Senhor condena, reprova e maldiz: a falta à palavra dada, a exploração dos pobres, a tortura policial, os regimes de terror. Se tivéssemos sido mansos, possuiríamos a terra, segundo a promessa que nos fora dada sobre a montanha.

VI

Presença do Filho do Homem no sacerdote

"Estou presente em ti por minha palavra na Escritura, por meu espírito na Igreja e pelas inspirações, por *meu poder nos padres...*" Essas palavras que Pascal atribui ao Cristo esclarecem um dos aspectos da presença do Senhor entre nós; que poderia haver de melhor para criar equívocos, acarretar abusos de autoridade e, mais grave ainda, sacrilégios ocultos ou visíveis: seu poder nos padres? E entretanto é o sacerdócio que mantém, nas trevas da humanidade pecadora, esse poder de perdoar que, no Filho do Homem, revelava o Filho de Deus. Esta pedra de escândalo para tantos espíritos rebeldes: o padre, a casta sacerdotal, detentora de uma força espiritual que, através da História, ela nem sempre soube deixar de pôr a serviço de um domínio temporal, constitui no entanto, entre nós, o sinal sensível da presença do Cristo vivo.

Só nós podíamos ser o instrumento nesse caso: o Criador só tinha à sua disposição a criatura. Esses homens comuns, semelhantes a todos os outros, chamados a se tornarem o Cristo, quando erguem a mão sobre a fronte de um pecador, que confessa a falta e pede perdão, ou quando tomam o pão, entre as mãos "santas e veneráveis", ou, elevando o cálice da nova aliança, repetem o ato insondável do próprio Senhor. Sim, eis o que são os padres: homens iguais a todos os outros, porém, mais que os outros, chamados à santidade, condenados à santidade forçada.

Que muitos fracassem é o escândalo que aflige a Igreja desde o primeiro dia. Que um número maior, se fraqueja por vezes, permaneça fiel e não desonre em si o poder que lhe foi conferido é milagre a que já nos acostumamos e nem sequer notamos. E, entretanto, que mistério esse sacerdócio ininterrupto através dos séculos e sobretudo talvez no nosso, que menospreza a castidade e por todas as técnicas — imprensa, cinema, rádio, televisão —, a todas as horas do dia e da noite, incita o animal humano a saciar-se.

Eis a fraqueza da Igreja Católica, o defeito de sua couraça, por onde ela parece mais vulnerável (mesmo nos séculos de fé, as pilhérias sobre monges e padres encheram sempre os anedotários). Não obstante, nessa miséria brilha o sinal da verdadeira Igreja, daquela onde a palavra permanece viva: "Passará o céu e a terra, mas minhas palavras não passarão." Não significa isso apenas uma permanência dessas palavras na memória dos homens, mas uma atuação, uma força. Elas continuam a agir, a ser eficazes, a consagrar o corpo de Cristo, a absolver os pecados (não decerto por um passe de mágica, mas porque é o Cristo vivo quem as pronuncia), são enfim "espírito e vida".

A humanidade da maioria dos padres encobre o Cristo, esconde-O, a ponto de parecer Ele como que sepultado. Não obstante, o menos "espiritual" dos padres, assim que pronuncia baixinho as palavras da absolvição ou da consagração, identifica-se com o Senhor, torna-se o Senhor. E, quando o sacerdote é o que chamam "um padre santo", Deus aflora, torna-se visível.

Manifesta-se repentinamente. E, às vezes, mais ainda nos gestos menos solenes. No momento da despedida para as férias, meu humilde pai espiritual me disse: "Quero abençoá-lo..." E esse único gesto pôs-me, sem que eu nada fizesse senão curvar a cabeça, diante do Filho do Homem. Poderia ter colocado o dedo na chaga do lado e nas feridas das mãos se esse padre, como tantos outros, desde São Paulo, tivesse em sua carne os estigmas da paixão do Cristo. Esse contato, porém, só teria tornado mais sensível uma presença já indubitável para mim.

O perigo que em países cristãos e nas épocas de fé decorre de um tal poder concedido a homens, a tentação que tinha César de utilizá-lo para dominar os povos, e Pedro de servir-se dele para dominar a César, é a nossa história há mil anos. "O sacerdócio e o império", o duelo entre ambos através dos séculos, supõe uma cumplicidade. Escandalizar-nos-emos com isso? A graça acrescenta-se à natureza do homem, não a transmuda. O desejo de domínio, inerente à criatura humana, serve-se de tudo e mesmo desse Cristo que, de algum modo, se entregou a ela. E era preciso que assim acontecesse apesar de todos os riscos. Era preciso que as palavras "teus pecados te são perdoados" fossem pronunciadas tantas vezes quantas um pecador se arrependesse, por um homem que de repente se tornasse o Cristo. Dessa maneira ficou Ele prisioneiro de sua criatura. Era preciso que todos os padres fossem santos. E temos necessidade de um grande número de padres: contradição de que a Igreja visível procura libertar-se nesse combate incerto entre a graça e a natureza no seio do sacerdócio e que durará até o fim do mundo.

Esquivo-me diante do que poderia escrever a esse respeito; prefiro mostrar aqui um padre virtuoso tal como pude conhecê-lo através de uma biografia recente, um padre excepcional, decerto: a santidade é sempre extraordinária, mesmo entre as pessoas consagradas. No entanto, a sua figura lembra-me outras que conheci: o padre Huvelin, esse humilde vigário de Santo Agostinho, tem inúmeros irmãos que com ele se parecem. Ele, porém, converteu e dirigiu o padre de Foucauld e, por esse motivo, seu nome há de certamente atingir um futuro longínquo: é um santo desconhecido, oculto à sombra de um santo célebre. O destino de ambos se confunde no tempo e na eternidade.

★ ★ ★

Charles de Foucauld encontrou, portanto, um padre, em determinado momento da vida. Tudo começou para ele naquela manhã de outubro de 1886, num confessionário da igreja de Santo Agostinho, em Paris. Haverá algo de mais comum que esse encontro entre confessor e penitente? Nada é mais estranho, pelo contrário. Escutemos o diálogo entre o visconde de Foucauld, que ficara de pé, e a sombra entrevista atrás da grade: "Senhor padre, não tenho fé. Poderia o senhor instruir-me? — Ajoelhe-se, confesse-se a Deus e a fé lhe virá. — Mas não tinha essa intenção! — Confesse-se."

Quem era, pois, esse padre para violentar assim aquele incrédulo? Segundo a razão, até mesmo segundo a Graça, ninguém o aprovaria se o pecador se recusasse a obedecer e fosse embora. O homem, porém, ajoelhou-se e descarregou, de uma só vez, tudo o que fizera na sua triste mocidade. E, então, acreditou.

O sacerdote, um simples vigário que se chamava padre Huvelin, aventurou-se ainda mais, com a ordem inesperada que lhe deu: "Está em jejum? Vá comungar." Como? Sem outra preparação? Charles de Foucauld levantou-se, e essa comunhão foi a primeira do santo que ele se tornara. Se considerarmos o destino que se entrelaçava nesse lugar e nessa hora, precisamos admitir que o vigário de Santo Agostinho vira além das aparências a alma que lhe era enviada: este dom de vidência existe e é concedido a algumas pessoas. Ou talvez, sem nada ver, o padre Huvelin obedecesse a uma inspiração que lhe era dada.

Quem era esse padre? Lembro-me, quando moço, de ter ouvido falar sobre ele, em casa de Robert Vallery-Radot, por senhoras piedosas que o tinham conhecido; dera, no entanto, pouca atenção ao que diziam. Quem era ele? Daqueles, cuja humildade receia, ao que parece, as glorificações futuras. Baralham as próprias pistas; dedicam-se, sofrem e morrem. Muitas almas viveram de tudo o que eles fizeram, disseram ou escreveram, porém nada deixaram, nem mesmo algo com que se possa escrever uma biografia. O padre Huvelin pertencia a essa espécie obscura, e perder-se-ia a sua lembrança se o padre de Foucauld não o tivesse arrastado à sua passagem. Permanecerá para sempre unido a seu penitente de outubro de 1886, o mesmo que onze anos mais tarde, numa meditação datada de Nazaré, exclamava: "Meu Deus, puseste-me sob as asas deste santo e aí fiquei. Carregaste-me por suas mãos." Enquanto o padre Huvelin viveu, o padre de Foucauld ficou à sua sombra. Doravante é à sombra do padre Foucauld glorificado que o padre Huvelin permanece.

Quem era ele? Essa manhã de outubro de 1886, em que usa de violência com aquela alma, nos mostra o traço essencial de sua natureza, ou antes o caráter singular de sua vocação, que se revelou um dia na seguinte confidência: "Não posso ver ninguém sem que deseje dar-lhe a absolvição." A meu ver, é a palavra mais bela pronunciada algum dia por uma alma sacerdotal, e a mais verdadeira, aquela que a identifica mais intimamente com o Mestre. Pois a palavra da Missa "Isso é meu corpo entregue por vós, fazei isso em memória de Mim..." só uma vez foi dita em circunstância muito especial. Em quantos encontros, porém, diante de uma criatura deitada numa enxerga, ou que se prosterna, adorando-O, o Senhor teve de dizer: "Teus pecados te são perdoados!" Ele viera para procurar e salvar o que estava perdido. É para isto também que cada padre veio. O padre Huvelin, que não pode olhar para alguém sem que lhe venha o desejo de absolvê-lo, crava em cada fisionomia o próprio olhar do Cristo.

É preciso, porém, compreender o sentido desse desejo sobre-humano. Não é uma facilidade; não é um desses gestos feitos sem que nada lhe custe. Para o padre Huvelin, prova-o a narrativa de sua vida, confessar uma alma é sobrecarregar-se dela, sobrecarregar-se no seu sentido literal, é assumir o destino da outra pessoa. O padre, que não pode ver ninguém sem desejar absolvê-lo, resgata essa alma por sua vida crucificada.

Na Escola Normal da rua d'Ulm, já o jovem Huvelin fizera a sua doação total. Aparentemente, mostra-se igual aos outros pela alegria e pela vivacidade. Mas surpreende os jovens comilões, seus camaradas: priva-se de alimento. Priva-se de tal maneira que os companheiros que o estimavam se preocupam e dão parte ao diretor da Escola. Já compreendemos esse adolescente: escolheu expiar pelos outros. Começou a tomar sobre si tudo o que tantas gerações de pecadores virão derramar no confessionário de Santo Agostinho (encostado à parede do lado da Epístola, não existe mais).

O sofrimento veio cedo abater-se sobre esse corpo deformado pelo reumatismo. Nunca deixou de pregar e de confessar. O adolescente da rua d'Ulm, cujos jejuns assustavam os camaradas, tornou-se nesse padre doente que, por causa da empregada, desarrumava a cama e amarrotava os travesseiros, mas passava a noite deitado no chão. Subia ao púlpito, ajudado pelo sacristão, esmagado e a princípio sem voz, e subitamente eis que esta se elevava e enchia a nave. Que dizia? Isto, por exemplo: "Pode-se reparar sem sofrer? Serão as pregações, as palavras do Senhor, o preço das almas? Não. A conquista das almas é o preço de seu sangue. Atrair-se-ão essas almas, cativando-as com pequenos artifícios? Não. É preciso sofrer para atraí-las e restituí-las a Deus." Pronunciou um dia esta frase que nos desvenda aquilo que ousou afrontar: "O diretor espiritual deve sentir, não sob a forma de tentação, mas de experiência, aquilo de que deve livrar os outros." Compreendemos então a significação do que nos conta uma de suas penitentes: "Conheço algumas almas que ele salvou, fazendo-as sentir o mal que lhe causava a confissão de certas faltas e de certas recaídas."

"Não posso ver ninguém sem que deseje dar-lhe a absolvição..." Até onde teria ido o padre Huvelin na loucura desse desejo? Foi ele talvez, ou não, quem converteu Littré (quem já terá convertido alguém?), todavia foi ele quem, durante os últimos meses de vida do velho positivista, quase não o deixou, levando-o àquele batismo *in extremis* que suscitou tantas polêmicas. O que parece provável, em todo o caso, é que as últimas conversas de Littré e do padre Huvelin foram uma longa confissão. Teria o padre resistido à tentação de absolver aquele penitente ilustre que não era ainda batizado? Tudo nos leva a crer que a essa tentação tenha cedido, como seis anos mais tarde absolverá Charles de Foucauld ainda incrédulo.

O amor é audacioso. Vemos o padre Huvelin no encalço de um apóstata famoso: Hyacinthe Loyson — esse mesmo Hyacinthe Loyson que foi uma das causas do quase infortúnio do caro padre Mugnier. Pode-se assegurar que padre Huvelin tenha fracassado dessa vez? No dia 14 de junho de 1908, Hyacinthe Loyson lhe escrevia: "Quando chegar a hora, os meus parentes avisá-lo-ão. Então ajoelhe-se em espírito junto a meu leito de morte e diga do fundo de sua alma amiga e crente a bela oração da Igreja: *Proficiscere, anima christiana!*" Eram esses os fracassos do padre Huvelin.

Enquanto que, de Trapa em Trapa, de Nazaré a Beni-Abbès e a Tamanrasset, o padre de Foucauld chega ao martírio que tanto desejara, seu diretor continua obscuramente em Paris nessa igreja de Santo Agostinho (que, por causa dele, verei doravante com outros olhos), arrastando o corpo dolorido do altar para o púlpito e do púlpito para o confessionário, até o dia 10 de julho de 1910, em que tomba vencido, ao voltar da confissão de um moribundo. Sua agonia foi silenciosa. Murmurou entretanto três palavras: *Amabo nunquam satis* [Nunca amarei o bastante].

Se Bernanos vivesse ainda, desejaríamos — quem sabe? — que ele retomasse os temas que a vida do padre Huvelin nos apresenta, confrontasse-os com as intuições fulgurantes, que, embora leigo, tinha, do que é a vida de um padre virtuoso, cujo germe como que carregava dentro de si, não latente mas vivo, como se as personagens inventadas libertassem no romancista uma criatura consagrada. Bernanos viveu como um homem que não encontra lugar em parte alguma e talvez nos insultasse apenas porque não tinha, como o padre Huvelin, o poder sacerdotal de nos perdoar.

O que sobressai no vigário de Santo Agostinho é o poder do padre. Não "o poder e a glória", mas o poder e o opróbrio.

Epílogo: A pacificação da angústia

Se fosse preciso buscar uma razão humana para a minha fidelidade ao Cristo neste entardecer da vida, eu diria que é a pacificação da angústia. Não, não é o medo que engendra os deuses, como o pretendia Lucrécio. A angústia, porém, não é o medo, nossa angústia muito especial, que não aprendemos de ninguém, que nos oprime o coração desde que começamos a tomar consciência do que há de trágico no fato de ser um homem vivo, isto é, um condenado à morte a quem foi concedida uma prorrogação de prazo desconhecido. Essa espera, porém, de ano em ano, vai-se restringindo, e nossa vida assemelha-se a esta pele de onagro que o herói de Balzac, aterrorizado, vê contrair-se aos poucos até ficar reduzida, em suas mãos trêmulas, ao tamanho de uma moeda.

A angústia é de tal modo consubstancial à natureza humana que se manifesta desde a infância, e com que crueldade! Lembramo-nos ainda, a ponto de tornar a senti-los, de revivê-los, dos primeiros terrores num quarto escuro, ouvimos até hoje esses passos lentos e pesados na escada, escondemos a cabeça debaixo do lençol. Sentimos ainda as lágrimas que nos queimavam as faces quando na cama de internato observávamos os desenhos que a chama do gás fazia na parede do dormitório. Talvez fôssemos aquele meninozinho um pouco acanhado que se sentia menos forte que os outros no pátio cheio de gritos e de disputas. Talvez tivéssemos fremido ao pensar na possibilidade de ser chamado ao quadro-negro por um professor irônico, capaz de tornar-nos aos olhos da classe um menino ridículo e idiota.

Talvez, enfim, houvesse na casa de família o quarto onde alguém morrera poucos anos ou meses antes e cujas janelas permaneciam para sempre cerradas sobre um mistério horrível; cada objeto parecia conservar ainda um sombrio encantamento: o copo d'água, o relógio parado, a poltrona curvada, perto da lareira, onde o fogo nunca mais seria aceso.

Sim, em muitas crianças, a angústia é um estado secreto permanente, que exige, para não chegar à loucura, este carinho sem limites com que as mães envolvem e afagam os filhos a todo momento, e até mesmo no seio do grande terror noturno, quando de repente adivinhávamos sobre a cabeça a mão querida, sentíamos nos cabelos o sopro de uma respiração e ouvíamos aquela voz que ralhava com ternura: "Que é, bobinho? De que tens medo? Estou aqui, fecha os olhos, dorme."

De que tínhamos medo? Eis a primeira averiguação que essas lembranças nos ajudam a fazer: a angústia não nos vem de fora, não está de maneira nenhuma ligada às catástrofes de uma determinada época. O menino angustiado, que eu fui, vivia num tempo em que a guerra de que falávamos era contra o rei Béhansin e em que o estribilho cantado por um cego no pátio de casa trazia à lembrança a vitória francesa em Madagascar. Discutiam muito, em torno de nós, sobre um tal Dreyfus, mas seus infortúnios não nos comoviam absolutamente, e quase todas as pessoas adultas que eu via, incapazes de matar até mesmo uma mosca, só tinham um receio: era que Dreyfus não fosse novamente condenado. Minha angústia de homem existia nesse menino de família abastada, numa Terceira República burguesa, poderosa, rica, pacífica, ainda que facilmente conquistadora.

E, decerto, não tenho absolutamente a pretensão de achar que a era das calamidades, iniciada em 1914 e cujos prenúncios assustadores foram sentidos muito antes, não tenha alimentado a angústia moderna, que não haja uma relação de causa e efeito entre a infelicidade dos tempos e a angústia existencial diante do "ser-no-mundo". Os acontecimentos, por mais trágicos que tenham sido, se nos obrigaram a confundir nossa angústia com as peripécias da História, no entanto não a criaram. Digamos que eles não nos permitiram mais que nos divertíssemos com ela, no sentido pascaliano do termo, nem que a negássemos. Acredito, porém, que, mesmo nas épocas em que a História não oferecia ao homem nada de especialmente trágico, nas épocas tranquilas e felizes — tranquilas e felizes pelo menos para os privilegiados, pois para a classe operária nunca houve época feliz —, ele contudo nunca deixou de sentir-se estrangulado pela desventura de ser um homem que ama e não é amado, que é amado e não ama, que tinha um filho e o perdeu, foi jovem e já não o é, foi forte e vigoroso e ouve um dia o médico dizer-lhe depois de um exame minucioso: "Pode-se talvez tentar uma operação...", e escuta o barulho dos automóveis na rua, um rádio no andar acima, um riso de mulher, e sabe que dentro de seis meses estará morto.

E mesmo se essa última provação lhe é poupada, resta-lhe este suplício suficiente, como Michelet chamava a velhice, os sucessivos desfalecimentos, o declínio do pensamento, a aproximação gradativa e imperceptível da inevitável dissolução.

É exatamente neste ponto que me separo da experiência de um Michelet e de muitos outros e exclamo com o padre Lacordaire: "Meus irmãos, eu vos trago a felicidade." Trago-vos esta espécie de felicidade que um cristão começa a descobrir na minha idade. À medida que envelheço, a angústia, de fato, se tornou menos opressiva. "O homem que envelhece toma mais consciência do eterno", diz Romano Guardini. "Agita-se menos e por isso pode ouvir melhor as vozes vindas do além. A eternidade que se aproxima descora a realidade do tempo." Conheço uma oração de Santa Gertrudes, que devia ser muito velha quando ela a recitava, em que chama a Cristo: "Amor do entardecer de minha vida", em que lhe dirige esta invocação: "Ó meu Jesus do entardecer, fazei com que adormeça convosco de um sono tranquilo..." Entretanto, a esse respeito, tudo já fora expresso no alvorecer da era cristã quando o velho Simeão aperta contra o peito o seu Deus-Menino: *Nunc dimittis servum tuum, Domine...*

O Cristo não é uma defesa que inventamos contra a angústia, pois que, no decorrer de nossa tempestuosa mocidade, quando a angústia era um estado permanente, é que não recorríamos a Ele e vivíamos afastados de sua lei. Não, não é nossa angústia que cria Deus; esta pacificação, este silêncio sobre um destino prestes a extinguir-se, nos permite finalmente ficar atentos à resposta que incansavelmente nos foi dada no decorrer de uma vida atormentada, em que preferíamos o sofrimento porque preferíamos o pecado. Que sei hoje a mais do que sabia o adolescente desesperado que eu fui? Na verdade ele o sabia, mas não amava a felicidade, não amava a paz. Precisamos de muito tempo para aprender a amá--lo. Nada esperem de mim sobre esse assunto da angústia que não pertença à minha própria experiência: adolescente, gostava da angústia e preferia-a a Deus. E ela, longe de incitar-me a imaginar um Deus para me libertar, fazia-me procurar, pelo contrário, motivos e desculpas para fugir, em mim e em torno de mim, à presença de um amor que eu trocava pela tristeza, fruto da cupidez.

Não, não é a angústia que cria o Pai que está no Céu e que o Cristo nos ensinou a conhecer e amar. É ela, pelo contrário, é este triste deleite que durante a nossa interminável juventude — sim, interminável, porque o coração permanece jovem quando há muito tempo já não o somos mais —, é essa complacência com a angústia que nos leva a afastar-nos de Deus e mesmo a negar que Ele existe. Oferece-nos argumentos e provas contra a sua bondade, o seu amor.

Sem dúvida, isso não acontece a todos os homens, mas diz respeito a escritores, a poetas que prezam na sua angústia a fonte mesma de sua inspiração, e prezam muito especialmente essa forma de angústia que nasce de uma inclinação para Deus, combatida pela carne e pelo sangue. Sim, talvez... Citei muitas vezes, aplicando-a ao meu caso pessoal, a imagem usada por Maurice de Guérin quando compara o seu pensamento a um fogão do céu que arde no horizonte entre dois mundos. É este dilaceramento do ser incapacitado de escolher entre o mundo e Deus que constitui, de fato, o drama de muitos artistas e lhes é tormento e delícia ao mesmo tempo.

"Se conhecesses o dom de Deus...", dizia Cristo à samaritana. E qual é o dom de Deus? É precisamente a antítese da angústia: "Eu vos deixo a paz, dou-vos a minha paz", repetia Ele a seus amigos naquela última noite, antes de entrar em agonia. É essa exatamente a paz que não queremos, é ela que nos parece temível porque, ainda uma vez, não amamos a paz. "Desencadeai-vos, tempestades desejadas!" Esse brado de René no alvorecer dos tempos românticos revela a vocação para a infelicidade de tantas criaturas jovens. Os poetas malditos, é a eles que fomos em primeiro lugar, e é isso antes de tudo que nos seduz no príncipe das trevas, a sua eterna tristeza. Literatura? Sim, decerto, mas é uma literatura estranha, esse desespero que nos meios surrealistas foi tantas vezes referendado pelo suicídio. São João o denuncia, esse ódio da paz: afirma-nos que a luz veio a este mundo, e os homens a recusaram porque preferiam as trevas. A criatura procura as trevas para saciar-se e não ser vista. A vitória do Cristo numa vida reduz-se a esta difícil aceitação da paz em meio à luz.

E já ouço a objeção; também o cristianismo é angústia e não é demais afirmar que existe uma angústia cristã. Todos os que, no século XIX, se levantaram contra o cristianismo, acusaram-no de ser contra a natureza, acusaram-no de ter coberto o mundo de trevas, de ter caluniado a vida. Decerto! O nome de cristianismo encobre muitas tendências que se defrontam e levam não raro os cristãos a se digladiarem mutuamente. E aqueles que tinham sido chamados para se amar, mataram-se uns aos outros. Existem muitas moradas na casa do Pai e uma delas, de Santo Agostinho a Calvino e a Jansenius, edificou-se sob o signo da inquietação e do temor: da angústia no sentido mais estrito. Porque há uma angústia suave, a do amor, cuja única preocupação é a tristeza de ter ofendido o ente amado, o medo de não ser mais amado por ele ou de não mais sentir que o amamos. O amor da criatura pelo seu Criador não está mais isento que as afeições humanas daquilo que Marcel Proust chama as intermitências do coração. Não é, porém, a esse tormento que nos referimos, quando falamos de inquietação e temor.

Monsieur de Saint-Cyran pareceu-me sempre um teólogo da espécie mais sinistra. Digamos que, na França, e para falar apenas nesse país, Port-Royal permanece como a mais ilustre fonte dessa angústia, centralizada na ideia fixa da salvação individual. O ser infinito recusa ou dá a Graça segundo um desígnio imprevisível à criatura, maculada desde o nascimento, totalmente incapaz, a não ser para o mal; pois no que diz respeito ao mal, tem ela o poder de um deus. Desse modo somos entregues desnudos, trêmulos, inermes, a esse arbitrário infinito. É essa a raiz da angústia jansenista.

Impossível resumir em poucas palavras o que constitui a matéria de uma obra imensa em que colaborou, no decorrer dos séculos, toda uma casta de pensadores cristãos. (Pascal, na realidade, se separa de Lutero e de Calvino e da justificação unicamente pela fé.) Mostro apenas essa fonte permanente de angústia e mesmo de desespero que uma certa teologia fez jorrar do coração aberto pela lança. Ela suscitou esta família numerosa e deplorável, terror dos confessores católicos, os escrupulosos e as escrupulosas, obsedados por ninharias, adoradores de uma divindade mesquinha, com a qual é preciso ser astuto. André Gide denunciava nos católicos "a cãibra da salvação". Cãibra tão dolorosa que muitos rapazes que a princípio seguiram o Cristo d'Ele se afastam para escapar à obsessão de ter de prestar contas do menor desejo, do mais ínfimo pensamento. Arremessam à distância todo o legado cristão. "O que há de maravilhoso no comunismo, dizia-me um deles que se tornou marxista, é que minha salvação pessoal não me interessa mais."

Proponho para nos proteger contra essa forma de angústia uma outra angústia, que esta, sim, gera paz, alegria. Proponho uma espécie de homeopatia espiritual: a libertação da angústia pela angústia.

Só dominaremos em nós a ideia fixa da salvação individual se a transpusermos para a ordem da caridade. Não, escusado é dizer que não devamos ter o desejo disso e que toda a vida do cristão não deva propender para a vida eterna, para o eterno gozo de seu amor, que é o Cristo. O desejo ardente da salvação, sim! — mas não a ideia fixa, a obsessão no sentido patológico do termo. Durante a mocidade, a frase que Pascal atribui ao Cristo encantou a muitos dentre nós: "Pensava em ti em minha agonia. Derramei tais gotas de sangue por ti." Hoje já não me encantam tanto estas palavras, porque distingo nesse desejo da gota de sangue derramada por nós em particular o contentamento da criatura que se resigna à condenação eterna da maior parte da espécie humana e a quem não atormenta o pensamento de ser posta à parte com o pequeno rebanho de eleitos.

A angústia transmudada em caridade, *a angústia do outro*, liberta-nos do pavor experimentado por tantas almas cristãs diante do mistério da predestinação, e alforria-nos da ideia fixa da salvação pessoal, não no que isso tem de necessário, mas no que há de mórbido. Nossa angústia deixa de ser individual, amplifica-se, torna as dimensões da humanidade ou, pelo menos, dessa parte da humanidade que é para nós o próximo e que pode estender-se a uma classe social, a raças inteiras. Para um padre operário, o próximo é toda a classe operária, como no tempo da perseguição nazista o era para nós toda a raça judaica.

Para Sartre, são os outros o inferno, mas, para nós, os outros são o Cristo. Ele próprio nos diz que o Filho do Homem veio procurar e salvar o que estava perdido, sim, *tudo* o que estava perdido e não apenas este ou aquele a quem teria consagrado em particular uma mísera gota de sangue.

A vida cristã é antes de tudo uma relação pessoal de cada um de nós com Deus: "Não fostes vós que Me escolhestes, fui Eu que vos escolhi." É evidente que a amplificação de nossa angústia na medida do sofrimento dos homens só dará todos os frutos se nosso apostolado se enraizar numa vida de estreita intimidade com Cristo. Acredito, sempre acreditei, que a vida cristã é essencialmente uma amizade, um amor, portanto o que há de mais pessoal, mais individual; e cada um de nós foi chamado pelo próprio nome, e no início de toda conversão há o encontro na encruzilhada do caminho, de que fala Lacordaire, d'Aquele ser adorável, exigente, tenaz, incansável, a quem preferimos tantas criaturas que uma a uma vamos abandonando ou que nos abandonam. E Ele permanece, sempre presente, mais perto ainda quando O julgamos longe, esperando a sua hora, que para tantos homens, infelizmente, é apenas a derradeira, quando não lhes resta mais nenhuma possibilidade de traição.

Que fez, entretanto, o nosso amor, que fez esse Cristo que cada fiel se esforça por imitar, senão assumir a angústia humana? Devemos por conseguinte assumi-la também. Os santos o fizeram na expressão exata da palavra, a ponto de se identificarem com o Filho abandonado pelo Pai dentro do horror da noite. Esse segredo da santa agonia, Bernanos penetrou profundamente. E é o que dá aos padres por ele criados, sobretudo ao seu "pároco de aldeia", essa misteriosa densidade. Para nós, simples fiéis, que nos baste unir-nos à angústia de nossos irmãos, como o Senhor a sentiu.

Eis, por conseguinte, o estranho remédio que proponho para a angústia; a paz, a alegria são o fruto de nossa angústia: "Deixo-vos a paz, dou-vos a Minha paz, não como vo-la dá o mundo." Compreendemos agora o sentido profundo da última promessa que o Filho do Homem nos fez antes de entrar em agonia: a paz, a alegria nesse cúmulo de angústia que consiste em abraçar, cada um segundo a própria vocação, o sofrimento dos esfaimados, dos perseguidores, dos prisioneiros, dos torturados, dos explorados; tal é o paradoxo cristão.

Sabemos que a confiança não é a esperança, que se poderia ter perdido inteiramente a esperança da salvação temporal da humanidade e aguardar, contudo, o reinado de Deus: no próprio seio da era atômica e concentracionária, nós esperamos ainda com confiança. Nossa esperança, no entanto, não se refere apenas à eternidade, mas também ao sombrio mundo dos vivos. Pois os crimes da vontade de dominar, a que se reduz a História visível, não impedem que o fermento de que fala o Cristo leve de infatigavelmente a massa humana. O fogo que Ele veio lançar sobre a terra nunca se extingue, e os anos mais sangrentos da História são, contudo, anos de Graça.

"Venha a nós o vosso reino", imploramos no Pai-nosso; somos milhões e milhões de criaturas a repeti-lo há quase dois mil anos, depois que nos foi ensinada essa oração, na certeza absoluta de sermos atendidos um dia. Já o fomos, entretanto; o Reino já chegou, encontra-se no meio de nós, dentro de nós, de maneira que nunca somos vencidos senão em aparência: e como a angústia é a própria condição de nossa paz, a derrota é a própria condição da nossa vitória. "Tende confiança, Eu venci o mundo." Aquele que lançou tal desafio ao mundo fê-lo justamente na hora em que ia ser traído, ultrajado, ridicularizado, pregado no patíbulo do escravo.

São Paulo nos diz que a criação inteira geme e sofre as dores do parto. Nossa angústia é a que sugere um parto que parece interminável à criatura efêmera que somos. Sabemos, entretanto, nós que perseveramos na fé, qual será o seu termo. Aos que sucumbem à angústia e estão prestes a desanimar, só podemos contrapor o que São Paulo afirmava aos fiéis de Roma: "Quem nos apartará do amor do Cristo? Será a tribulação, a angústia, a perseguição, a fome, a miséria, o perigo, a espada? Em todas essas provações somos, no entanto, vitoriosos, graças Àquele que nos amou."

Sobre o autor

Um dos grandes nomes da literatura francesa do século XX, François Mauriac nasceu no ano de 1885 em Bordeaux. Influenciado por nomes tão diversos como Paul Claudel, Arthur Rimbaud, Baudelaire e Pascal, tornou-se, nas palavras de Otto Maria Carpeaux, "o maior representante do romance psicológico de tradição francesa" e, nas de Carlos Drummond de Andrade, autor capaz de um "mergulho instantâneo na superfície espessa da consciência".

Apesar de ter iniciado cedo sua vida de escritor — aos treze anos escreveu um melodrama dedicado à irmã e em 1909 já havia publicado um primeiro volume de poemas —, seu reconhecimento em círculos mais amplos da classe intelectual só se daria anos depois, mais precisamente nas décadas de 1920 e 1930, quando foram publicados, entre outros, os romances *O beijo ao leproso*, *O deserto do amor*, *Thérèse Desqueyroux* e *O nó de víboras*. Em 1933, foi eleito para a Academia Francesa.

Com uma obra de caráter profundamente religioso, mas em nada "panfletária" (o que lhe valeu críticas de muitos que professavam sua mesma fé católica), Mauriac é em geral reconhecido pela maneira como trata, por meio de seus personagens, a possibilidade de redenção do homem e, portanto, a fatalidade do mal e sua presença entre nós. Foi precisamente isso o que reconheceu, em 1952, a Academia Sueca, ao lhe conferir o Prêmio Nobel de Literatura.

Conheça todos os títulos da Coleção Clássicos de Ouro

132 crônicas: cascos & carícias e outros escritos — Hilda Hilst
24 horas da vida de uma mulher — Stefan Zweig
A câmara clara: nota sobre a fotografia — Roland Barthes
A conquista da felicidade — Bertrand Russell
A força da idade — Simone de Beauvoir
A guerra dos mundos — H.G. Wells
A ingênua libertina — Colette
A náusea — Jean-Paul Sartre
A obra em negro — Marguerite Yourcenar
A riqueza das nações — Adam Smith
As palavras — Jean-Paul Sartre
Como vejo o mundo — Albert Einstein
Contos — Anton Tchekhov
Contos de terror, de mistério e de morte — Edgar Allan Poe
Crepúsculo dos ídolos — Friedrich Nietzsche
Dez dias que abalaram o mundo — John Reed
Física em 12 lições — Richard P. Feynman
Grandes homens do meu tempo — Winston S. Churchill
História do pensamento ocidental — Bertrand Russell
Memórias de Adriano — Marguerite Yourcenar
Memórias de uma moça bem-comportada — Simone de Beauvoir
Meus últimos anos: os escritos da maturidade de um dos maiores gênios de todos os tempos — Albert Einstein
Moby Dick — Herman Melville
O banqueiro anarquista e outros contos escolhidos — Fernando Pessoa
O deserto dos tártaros — Dino Buzzati
O eterno marido — Fiódor Dostoiévski
O fantasma de Canterville e outros contos — Oscar Wilde
O imoralista — André Gide
O príncipe — Nicolau Maquiavel
O que é arte? — Leon Tolstói
O tambor — Günter Grass
Orgulho e preconceito — Jane Austen
Orlando — Virginia Woolf
Os mandarins — Simone de Beauvoir
Retrato do artista quando jovem — James Joyce
Um homem bom é difícil de encontrar e outras histórias — Flannery O'Connor

Direção editorial
Daniele Cajueiro

Editor responsável
Hugo Langone

Produção editorial
Adriana Torres
Luisa Suassuna
Pedro Staite
Thais Entriel

Revisão
Carolina Rodrigues
Gabriel Machado

Capa
Victor Burton

Diagramação
Larissa Fernandez Carvalho

Este livro foi impresso em 2019 para a Nova Fronteira.